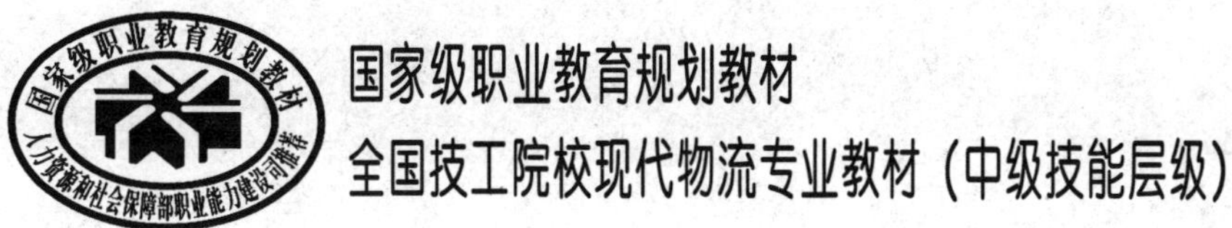

国家级职业教育规划教材

全国技工院校现代物流专业教材（中级技能层级）

物流设施设备

（第三版）

人力资源社会保障部教材办公室组织编写

王　欣　主编

中国劳动社会保障出版社

简　介

本书介绍了物流活动和物流作业中常用的设施和设备，主要包括装卸搬运设施设备、运输设施设备、包装设施设备、仓储设施设备、集装单元设施设备，以及自动分拣和流通加工设施设备，内容简洁、图文并茂。本书配有电子课件，可通过职业教育教学资源和数字学习中心（http://zyjy.class.com.cn）下载。

本书由王欣任主编，徐海英任副主编，李政凯、金爽、白宏俊、何天龙参加编写。

图书在版编目（CIP）数据

物流设施设备/王欣主编．--3版．--北京：中国劳动社会保障出版社，2019

全国技工院校现代物流专业教材．中级技能层级

ISBN 978-7-5167-3977-8

Ⅰ．①物…　Ⅱ．①王…　Ⅲ．①物流－设备管理－中等专业学校－教材　Ⅳ．①F253.9

中国版本图书馆CIP数据核字（2019）第107339号

中国劳动社会保障出版社出版发行

（北京市惠新东街1号　邮政编码：100029）

*

北京市艺辉印刷有限公司印刷装订　新华书店经销

787毫米×1092毫米　16开本　9.5印张　190千字

2019年7月第3版　2023年5月第4次印刷

定价：18.00元

营销中心电话：400-606-6496

出版社网址：http://www.class.com.cn

http://jg.class.com.cn

前　言

全国中等职业技术学校物流专业教材出版于2006年，并于2013年进行了首次修订和补充，近年来，随着经济的发展和技术的更新，物流行业已经进入新的发展阶段，物流企业对从业人员的知识水平和职业能力提出了更高的要求。为了适应这些变化，培养更加符合物流企业需求的中级技能人才，我们组织了一批教学经验丰富、实践能力强的一线教师和行业、企业专家，在充分调研的基础上，对现有教材进行了新一轮修订和补充。

本次修订和补充的教材包括《现代物流基础（第二版）》《物流设施设备（第三版）》《物流成本管理基础（第三版）》《商品检验与包装（第三版）》《采购基础知识与技巧（第三版）》《物流运输基础与实务（第三版）》《仓储基础知识与技能（第三版）》《配送基础知识与实务（第二版）》《物流信息技术（第二版）》《物流客户服务》《货物养护作业实务》和《叉车作业实务》。

本次教材修订和补充工作的重点主要体现在以下几个方面：

第一，突出教材的实用性。本着“学以致用”的原则，新版教材的结构和内容根据物流企业的工作实际进行了调整和更新，对操作性较强的课程，教材在编写中采用任务驱动或理实一体化的模式，突出对学生实际操作能力的培养。

第二，突出教材的先进性。新版教材根据物流行业的现状和发展趋势，尽可能多地体现新知识、新技术、新方法、新设备，以期缩短学校教育与企业岗位需求的距离，同时，严格执行国家最新技术标准。

第三，突出教材的易用性。新版教材充分考虑学生的认知规律，注重利用图表、实物照片和案例辅助讲解知识点和技能点，部分教材还配有操作视频，学生扫描相应二维码即可观看，为学生营造生动、直观的学习环境，激发学生的学习兴趣。同时，新版教材还配有电子课件，便于教师开展教学工作，提高教学效率。

本套教材的编写得到了有关省市教育部门、人力资源社会保障部门和一批职业院校的大力支持，教材编审人员做了大量的工作，在此，我们表示诚挚的谢意！同时，恳切希望广大读者对教材提出宝贵的意见和建议。

人力资源社会保障部教材办公室

目 录

绪论

物流设施设备是物流活动和物流作业中所需要的设施与设备的总称，既包括各种机械设备、器具等，也包括运输通道、货运站场和仓库等基础设施。这些设施设备的应用直接影响物流各环节的运作效率。

一、物流设施设备的种类

物流设施设备种类繁多，根据不同的需要，从不同的角度可将物流设施设备分为不同的种类，总体来看可分为物流基础设施、物流功能性设施和物流机械设备三大类。

1. 物流基础设施

物流基础设施是指在供应链的整体服务功能上和供应链的某些环节上满足物流组织与管理需要的、具有综合或单一功能的场所或组织的统称，主要包括公路、铁路、港口、机场、流通中心和网络通信基础设施等。

2. 物流功能性设施

总体来看，物流功能性设施可分为以存放货物为主要职能的节点、以组织货物为主要职能的节点、物流系统中的载体三大类，见表 0—1。

表 0—1　物流功能性设施分类

类　别	说　明
以存放货物为主要职能的节点	包括储备仓库、营业仓库、中转仓库、货栈等，货物在这种节点上停滞时间较长
以组织货物为主要职能的节点	包括流通仓库、流通中心、配送中心、流通加工点等
物流系统中的载体	包括货运车辆、货运列车、货机、货运船舶等

3. 物流机械设备

物流机械设备的类别一般按照设备所完成的物流作业来划分，见表0—2。

表0—2 **物流机械设备分类**

类　别	说　　明
装卸搬运设备	装卸搬运设备是指用来搬移、升降、装卸和短距离输送物料或货物的设备。它是物流系统中使用频率最高、使用数量最多的一类机械设备，是物流设备的重要组成部分，是进行装卸搬运作业的主要手段。装卸搬运设备主要配置在工厂、中转仓库、配送中心、物流中心、车站货场和港口码头等，涉及面非常广。装卸搬运设备按照用途和结构特征不同，一般可分为起重机械、连续运输机械、装卸搬运车辆和专用装卸搬运机械；按照所装卸搬运物料的种类不同，一般可分为单元物料装卸搬运机械、散装物料装卸搬运机械和集装物料装卸搬运机械
物流运输设备	在物流活动中，运输始终处于核心地位，它承担了货物在空间各个环节位置移动的任务，解决了供给者和需求者之间场所分离的问题，是创造空间效用的主要功能要素，具有以时间换取空间的特殊功能。运输在物流中的独特地位对运输设备提出了更高的要求，物流运输设备应满足运输效率高、运输成本低、智能化、通用化、安全可靠等要求，最大限度地发挥效能
包装机械	包装机械是完成全部或部分包装过程的机器设备。包装过程包括充填、裹包、封口等主要工序，以及与其前后相关的工序，如计量和在包装件上盖印等。包装机械按照功能不同可分为灌装机械、充填机械、裹包机械、封口机械、贴标机械、清洗机械、干燥机械、杀菌机械、捆扎机械、集装机械、多功能包装机械，以及完成其他包装作业的辅助包装机械和包装生产线
物流仓储设备	物流仓储设备是指在储存区进行作业活动所需要的设备器具，主要用于各种配送中心、仓库存取货物，完成物料的堆垛、存取、分拣，以及货物进仓与出仓等作业
集装单元器具	集装单元器具主要有托盘和集装箱等。货物经集装单元器具集装和组合包装后，提高了搬运活动性，货物随时处于准备流动的状态，便于储存、装卸搬运、运输等环节的合理组织
分拣设备	分拣设备是配送中心拣选、分货、分放作业使用的现代化设备，是开展分拣、配送作业的强有力的技术保障。按拣取方式不同，分拣设备一般可分为自动分拣设备和人工分拣设备
流通加工设备	流通加工设备是完成流通加工任务的专用机械设备，按加工对象不同，一般可分为金属加工机械、搅拌混合机械、木材加工机械和其他流通加工设备等

二、物流设施设备配置原则与使用要求

1. 物流设施设备配置原则

物流设施设备配置原则见表0—3。

表0—3　　物流设施设备配置原则

配置原则	说　明
系统化原则	对物流系统的各组成部分进行系统化分析，使设备之间、设备与人员之间、设备与作业任务之间等有机结合起来，保证各环节机能协调、设备配置最佳，以达到系统整体效益最优
适用性原则	所选用的物流设备符合物流作业对其功能的需要，功能不宜过多或过少
技术先进性原则	使设备在主要技术参数、自动化程度、结构优化、环境保护、操作条件、现代新技术应用等方面具有先进性，并在时效性方面满足技术发展的要求。技术先进性应以满足物流作业需要为前提，以获得最大经济效益为目标
低成本原则	使设备寿命周期成本最低，对设备购置费、运行费、维修费、寿命周期、先进性等方面进行综合权衡和详细分析，选择适用的设备
可靠性和安全性原则	可靠性是指设备在规定的时间和条件下完成规定功能的能力。安全性是指设备使用过程中保证人身和货物安全，同时对环境无害的能力。安全性和可靠性往往与经济性密切相关，设备安全装置的增加、故障率的下降一般以增加购置费用和运行费用为代价，应综合考虑
一机多用原则	尽可能实现一机同时适宜多种作业环境的连续作业，以减少作业环节、提高作业效率

2. 物流设施设备使用要求

物流设施设备使用要求见表0—4。

表0—4　　物流设施设备使用要求

使用要求	说　明
严格按规程操作设备	设备操作规程规定了设备的正确使用方法和注意事项，以及情况异常时应采取的措施
实行设备维护的奖励办法	通过物质奖励提高使用者维护设备的积极性

续表

使用要求	说　明
严格规范使用程序	对重要设备及操作者采取定人定机、教育培训、操作考试和持证上岗、交接班制度，以及严肃处理设备事故等措施
实行使用设备的各级责任制	操作者按规程操作，按规定交接班，按规定进行维护保养。班组、车间、生产调度部门和企业领导都应对设备正确使用承担责任，不允许安排不符合设备规范和操作规程的工作

三、我国物流设施设备的发展趋势

纵观我国物流设施设备的发展状况，可以看出，为适应现代物流的发展需要，物流设施设备有如下发展趋势。

1. 实用化

在满足使用条件的前提下，一个物流系统应选择实用、简单、经济、可靠的物流设备。

2. 绿色化

绿色化就是要达到环保要求。随着全球环境的恶化与人们环境保护意识的增强，有些企业在选用物流设备时会优先考虑对环境污染小的绿色产品或节能产品。因此，有远见的物流设备供应商也开始关注环保问题，采取有效措施达到环保要求。如采用新的装置与合理的设计，减小设备的振动、噪声与能源消耗量等。

3. 设备标准化和模块化

标准化包括硬件设备的标准化与软件接口的标准化。实现标准化后，物流设施设备可以轻松地与其他企业生产的物流装备或控制系统对接，为客户提供多种选择和系统实施的便利性。模块化可以满足用户的多样化需求，用户可按不同的需要自由选择不同的功能模块，灵活组合，以增强系统的适应性。同时，模块化结构能够合理利用现有空间，可以根据货物存取量的增加及供货范围的变化进行调整。

4. 信息集成化

人们对信息的重视程度日益提高，要求物流与信息流实现在线或离线的高度集成，使物流设备与信息技术逐渐成为物流技术的核心。物流设备与信息技术紧密结合、实现高度自动化是未来发展的趋势。

目前，越来越多的物流设备供应商已从单纯提供硬件设备转向提供包括控制软件在内的总体物流系统，并且在越来越多的物流设备上加装计算机控制装置，实现了对物流设备的实时监控，大大提高了其运作效率。物流设备与信息技术的结合已成为各物流设备供应商追求的目标，也是其竞争力的体现。

5. 成套化和系统化

在物流机械设备单机自动化的基础上，通过计算机把各种物流机械设备组成一个物流机械设备集成系统，再通过中央控制器的控制，与物流系统协调配合。

6. 设备模块化

与传统的设计和生产模式相比，模块化的方式能极大地满足用户的需要，即用户需要什么功能就组装成什么样的设备，而且价格也更加合理。

第一章　装卸搬运设施设备

装卸搬运设备是实现装卸搬运作业机械化的基础，是物流设备中重要的机械设备。它不仅用于完成船舶与车辆货物的装卸，而且也用于完成库场货物的堆码、拆垛、运输，以及舱内、车内、库内货物的起重输送和搬运。

第一节　搬运车辆

搬运车辆的机动性能好，适应性强，已经广泛地用于仓库、港口、车站、车间、船舱、车厢内和集装箱内等货场作业，合理利用搬运车辆可以提高装卸搬运的效率。按照作业方式不同，搬运车辆可分为人力搬运车、牵引车、固定平台搬运车和自动导引搬运车。

一、人力搬运车

人力搬运车是一种以人力为动力，在路面上进行水平运输的搬运车辆。在物流作业过程中，人力搬运车的作业也占有一定比重，尤其在设施外的偶发物流活动中，难以实现机械化作业，人力搬运车是机械化工艺流程的一种补充搬运形式。人力搬运车的类型和特点见表1—1。

二、牵引车

牵引车是具有牵引装置、专门用于牵引载货挂车进行水平搬运的车辆。牵引车没有取物装置和载货平台，不能装卸货物，也不能单独搬运货物，如图1—1所示。

表 1—1　　　　　　　　人力搬运车的类型和特点

类　　型	特　　点
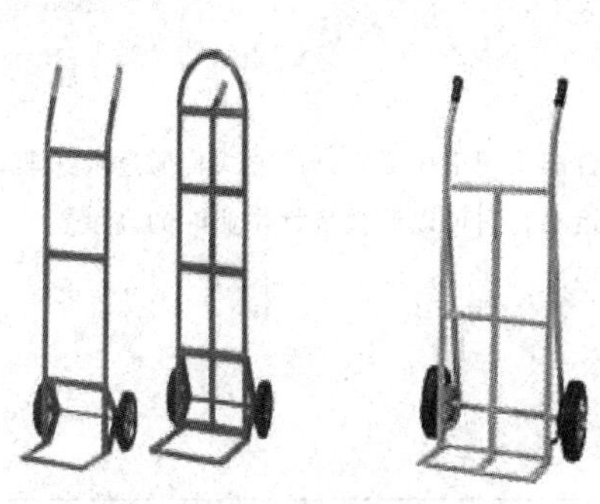 杠杆式手推车	杠杆式手推车又称手车，俗称老虎车。车前部带有叉撬装置，在搬运货物时，无须将货物举起即可将装卸、搬运活动连在一起。杠杆式手推车轻巧、灵活、转向方便，但因靠人的体力装卸、保持平衡和移动，所以仅适合货物重量较轻、搬运距离较短的场合，一般适用于货物重量为 50～100 kg、体积不超过 0.4 m^3、搬运距离在 30 m 以内的情况
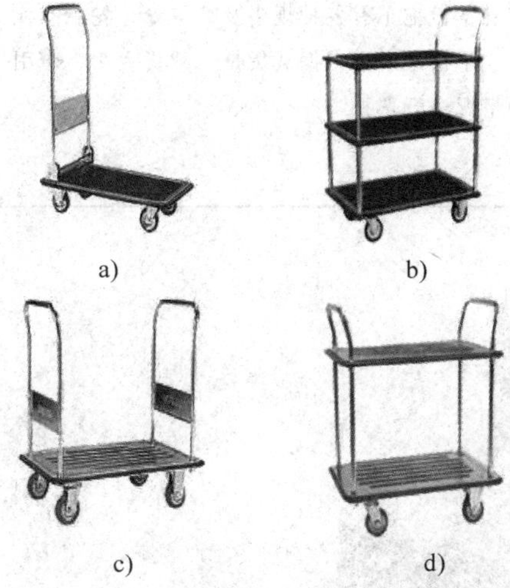 手推台车 a）单栏平台式　b）单栏二层平台式 c）双栏平台式　d）双栏双层平台式	手推台车是有手推扶手的四轮车，是一种以人力为动力的搬运车。它既是搬运工具，又是集装单元器具，能随电梯上、下楼或随汽车运输，形式多样，灵活方便。它适用于货物重量为 100～500 kg 的情况，最重可达 1 t，搬运距离宜在 50 m 以内。手推台车平台的尺寸既要适应货物包装的大小，也要与电梯轿厢或汽车车厢相配合。手推台车轻巧灵活、易操作、回转半径小，广泛应用于车间、仓库、超市、食堂、办公室等，是短距离运输轻小物品的一种方便而又经济的搬运工具
 带梯子的手推台车	从较高的货架内存取轻小型的货物时，可采用带梯子的手推台车，以提高仓库的空间利用率。它适用于图书、标准件等仓库进行拣选、运输作业

续表

类　型	特　点
 手动液压升降平台车	手动液压升降平台车采用手压或脚踏的方式，通过液压驱动使载重平台作升降运动。它可以调整货物作业时的高度差，减轻操作人员的劳动强度
 平板拖车	平板拖车是一种安装在定向轮或车轮上的载货平台，与牵引车配合使用。现有的平板拖车有各种规格及载货量，轮胎有实心的和充气的两种。平板拖车可根据载货量、载货大小、牵引车牵引能力和路面情况进行选择

图 1—1　牵引车

根据动力大小不同，牵引车可分为普通牵引车和集装箱牵引车。普通牵引车可以拖挂平板车，用于装卸区内的水平搬运；集装箱牵引车可以拖挂集装箱挂车，用于长距离搬运集装箱。当平板车或集装箱挂车被拖到指定的地点装卸货物时，牵引车就会脱开这些挂车再与其他的挂车结合。牵引车作业时，挂车的货物装卸时间与牵引车的运输时间可交叉进行，并且一台牵引车能同时牵引一组挂车，从而提高工作效率。

根据所提供的动力不同，牵引车可分为内燃牵引车和电动牵引车。内燃牵引车的底盘结构形式与普通汽车类似，主要用于室外的牵引作业；电动牵引车采用蓄电池和直流电动机进行驱动，主要用于室内的牵引作业。

根据作业场所不同，牵引车可分为室内牵引车和室外牵引车。室内牵引车的操作平台离地面较近，实心车轮直径较小，适用于室内的平坦路面。

三、固定平台搬运车

固定平台搬运车是室外经常使用的短距离搬运车辆，如图 1—2 所示。固定平台搬运车具有较大的物料承载平台，相对承载卡车而言，其承载平台离地面近，装卸方便，结构简单，价格低，轴距、轮距较小，作业灵活，一般用于企业的车间与车间、车间与仓库之间的运输。根据动力不同，固定平台搬运车分为内燃型和电瓶型。

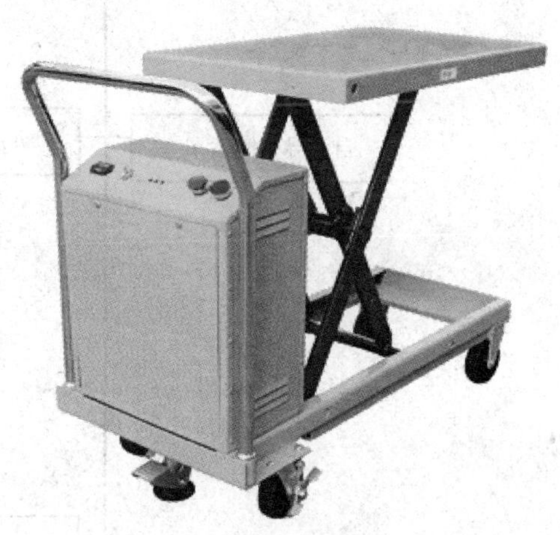

图 1—2　固定平台搬运车

电瓶型固定平台搬运车是以蓄电池为动力装置的搬运车辆，车轮胎有充气轮胎和实心轮胎两种，后者不易被金属碎屑扎破。其载重量一般为 2 t，最小转弯半径约为 3.7 m，车台面离地面高度约为 0.70 m。电瓶型固定平台搬运车由司机操纵，运行时无噪声、无废气，便于装卸，操作简单，但其爬坡能力小，要求地面平坦，路面倾斜度一般不大于 5%。如果保养恰当，蓄电池的使用寿命可长达 3 年左右。电瓶型固定平台搬运车也可牵引拖车，增加其运载量，还可运载长件物料，常用于工矿企业，如码头等货场。

图 1—3　自动导引搬运车

四、自动导引搬运车（AGV）

1. 自动导引搬运车的组成和工作原理

由于自动导引搬运车（见图 1—3）应用范围很广，具体的使用目的和工作条件差别很大，因此具有多种类型。自动导引搬运车由机械系统、动力系统和控制系统组成，如图 1—4 所示。

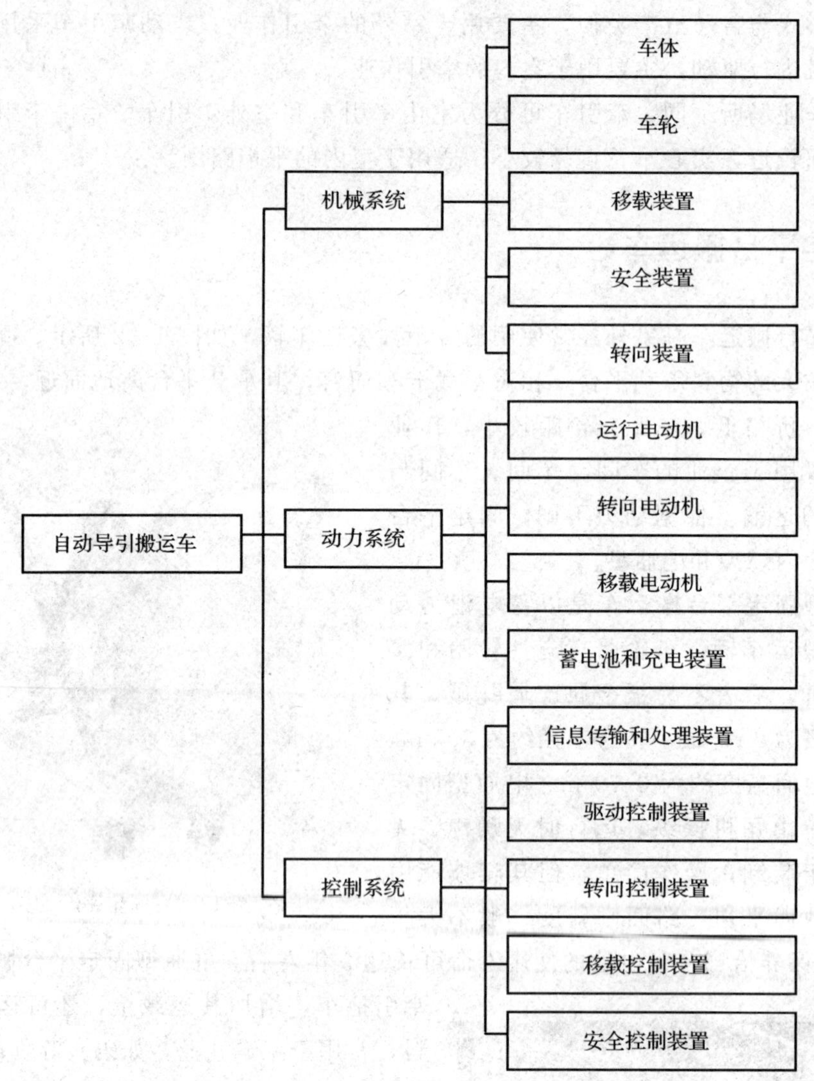

图 1—4 自动导引搬运车结构图

(1) 车体

车体是自动导引搬运车的基本骨架，所有的零部件都安装在车体上。车体要有足够的强度和刚度，以满足自动导引搬运车的运行和加速需要。车体一般由钢构件焊接而成，上面覆盖有厚 1～3 mm 的钢板或硬铝板，以安装移载装置、驱动控制装置、信息传输和处理装置等，板下有安全控制装置、转向控制装置、蓄电池和充电装置，以降低车体的高度。

(2) 车轮和转向装置

自动导引搬运车的车轮有驱动轮、驱动转向轮、转向轮、随动轮、固定从动轮等。在前轮转向方式中，前轮是可转向的驱动轮，偏转一定角度即可实现运行转向。

(3) 移载装置

自动导引搬运车可以采用输送机、升降平台、伸缩货叉、机械手等移载装置将车辆上的货物卸到载货平台上，或将载货平台上的货物装到车辆上。

(4) 安全装置

安全装置的主要作用是为自动导引搬运车运行或故障急停时提供一定的安全保障。

(5) 蓄电池和充电装置

自动导引搬运车一般采用工业蓄电池作为动力源，电压有 24 V 和 48 V 两种。蓄电池在额定电流下，一般应保证每天 8 h 以上的工作时间，采用两班制工作方式时，要求蓄电池每天有 17 h 以上的工作能力。蓄电池充电可以采用自动充电和交换电池两种形式。

(6) 驱动控制装置

驱动控制装置的功能是驱动自动导引搬运车运行并对其进行速度控制和制动控制。驱动控制装置的控制命令由计算机或人工控制器发出。

(7) 转向控制装置

自动导引搬运车的方向控制由接受导向系统的方向信息通过转向装置来实现。一般情况下，自动导引搬运车被设计成三种运行方式，即向前运行、前后运行与万向运行。

(8) 信息传输和处理装置

信息传输和处理装置的功能是对自动导引搬运车所处的地面状态进行监控，包括手动控制、安全装置启动、蓄电池状态、转向和驱动电动机的控制情况，然后将控制器的监控信息与地面控制器所发出的信息进行传递，以达到控制自动导引搬运车运行的目的。

2. 自动导引搬运车的类型

(1) 承载型自动导引搬运车

承载型自动导引搬运车是最常用的一种自动导引搬运车，具有双向运行能力，通常都配有适当的物料装卸机构，易于与其他自动化设备接口，可方便地实现物料搬运全过程的自动化。承载型自动导引搬运车一般最大载重量为 1 800～2 700 kg，对运行巷道的精度要求较低，运行速度限制在 60 m/min 内。它一般应用于搬运线路不长、物料通过量较大的场合，可以用于自动化立体仓库与仓库收发站之间的物料搬运。承载型自动导引搬运车可以用作移动式机器人的载体，以扩大机器人的工作范围，也可用作移动式装配台，以提高自动化装配过程的灵活性。

(2) 牵引型自动导引搬运车

牵引型自动导引搬运车在自动模式下只能单方向运行，如需增加自动模式下的反方向运行能力，则必须设置专门的安全保护装置。这种搬运车的运行速度可达 80 m/s，牵引力为 1 800 N 左右，即当车轮与地面之间的滚动摩擦因数为 0.02 时，可以牵引总重量达 9 000 kg 的滚动载荷。虽然挂车上钩和脱钩均需人工操作，但因为搬运批量大，所以单位物料的搬运费用较低。根据挂车总长不同，牵引型自动导引搬运车运行路线上应留有半径为 2.5～6.0 m 的转弯空间。当一次搬运的距离超过 60 m 并且搬运量较大时，可以使用牵引型自动导引搬运车。

(3) 码垛车

码垛车有高度可做一定范围调整的货叉。码垛车需由人工先驶离导引线，叉装好待运物料后再将其开回导引线，指定目的地后就可自动沿导引线运行。到达目的地后，码垛车可将物料放在地面上，然后退走，物料必须由人工及时搬走以避免交通阻塞。交通繁忙的地段一般设有侧回路，使码垛车驶入侧回路卸货，以保持物流线路的畅通。码垛车运行速度可达 80 m/min，搬运能力为 1 800～2 700 kg。由于货叉的原因，其转弯半径较大，约为 4.5 m。

(4) 自动叉车

自动叉车的基本工作方式与码垛车相同，但提升高度比码垛车要高得多，为 2.4～4.9 m。它可以直接存取处于不同高度的货架上和装卸站上的货物，一般需要使用辅助托盘或专用容器。虽然有的自动叉车运行速度可达 60 m/min，但出于安全考虑，一般将其限制在 36 m/min 之内。

五、搬运车辆的配置、选择和管理

搬运车辆品种规格繁多，使用环境和作业要求各异，如何在正确评价的基础上合理选择车型，是需要用户关注的。

用户首先根据使用要求，如货物流量、货物种类、搬运距离、堆码高度等，进行车辆性能、经济性和维修条件评价。购置新车时，先进行性能评价，以确定车辆能否满足使用要求，再在能满足性能要求的不同车型中进行经济性和维修条件评价，以确定其是否适用。

然后进行选型，选型可根据评价结果确定。如果物流中的货物种类单一或货物流量较小，可选用单一车型或由少数几种搬运车辆搭配。反之，如果涉及多种搬运车辆协同作业的问题，就必须进行多种搭配，并将搭配方案进行比较和选择，最终确定合理和经济的车型。

第二节 叉 车

由生产厂家到达最终用户，货物通常在整个物流链中要经历许多次搬运。现代物流企业普遍采用叉车进行货物的装卸搬运作业，如图 1—5 所示。

图 1—5 叉车作业

叉车是叉式装卸车的简称，又名铲车，是用货叉或其他工作装置自行装卸货物的起升车辆，属于物料搬运机械。

叉车在装卸搬运机械中应用最广泛，一般应用于车站、港口、机场、工厂、仓库等场所，是机械化装卸、堆垛和短距离运输的高效设备。叉车不仅可以将货物进行垂直堆码，还可以进行水平运输。

一、叉车的特点

叉车与其他搬运设备一样，能够减轻装卸工人繁重的体力劳动，提高装卸效率，缩短车辆停留时间，降低装卸成本。叉车的特点见表 1—2。

表 1—2 **叉车的特点**

特点	具体内容
机械化程度高	在使用各种自动化取物装置或在货叉与货板配合使用的情况下，叉车可以实现装卸工作的完全机械化，不需要工人的辅助体力劳动
机动灵活性好	与汽车相比较，叉车底盘的轮距较小，这样叉车的转弯半径就很小，作业时灵活性增强。叉车外形尺寸小，重量轻，能在作业区域内任意调动，适应货物数量及货流方向的改变，可机动地配合其他起重运输设备工作，提高机械的使用效率

续表

特点	具体内容
通用性强	叉车在几乎所有的物流领域都有应用，与托盘配合使其通用性更强，可适应能装上托盘的各种货物的装卸搬运。叉车还可以“一机多用”，再配备或使用各种取货装置，如货叉、铲斗、臂架、串杆、货夹、抓取器等，就可以适应各种品种、形状和大小货物的装卸作业
能提高仓库容积的利用率	叉车堆码高度一般可达 3 m，高门架叉车的堆码高度可达到 5 m，能够充分利用空间堆放货物，使仓库容积的利用率提高
有装卸、搬运双重功能	叉车是装卸搬运一体化的设备，在实际应用中，装卸、搬运两个操作合二为一
经济效益好	与大型起重机械比较，叉车的成本低、投资少，能获得较好的经济效益
有利于开展托盘成组运输和集装箱运输	托盘化能使物流周转速度加快，托盘的装卸搬运主要靠叉车；集装箱能实现“门对门”运输，在没有起重设备的情况下，需要叉车进行装卸和搬运

二、叉车的分类

1. 按照采用的动力方式不同进行分类

叉车按照采用的动力方式不同，可分为内燃式叉车、电动式叉车和手动式叉车，见表 1—3。

表 1—3　叉车按照采用的动力方式不同进行分类

类型	特点
内燃式叉车	这种叉车采用的动力装置是内燃机，根据动力来源不同又可分为汽油机式叉车、柴油机式叉车和液化石油气式叉车。其特点是机动性好，功率大，用途较广泛。一般情况下，重、大吨位的叉车采用内燃机作为动力装置
电动式叉车	这种叉车又称电瓶式叉车，以蓄电池为动力，用直流电动机驱动。它具有操作容易、无废气污染、适合在室内作业的特点，随着环保要求的提高，电动式叉车的需求有较快的增长
手动式叉车	手动式叉车无动力装置，使用、维护简便，起重量较低

2. 按照性能和功用不同进行分类

叉车按照性能和功用不同，可分为平衡重式叉车、插腿式叉车、手动式叉车、侧面式叉车、前移式叉车、集装箱式叉车和高货位拣选式叉车，见表 1—4。

表 1—4　叉车按照性能和功用不同进行分类

类型	特　点
平衡重式叉车	其货叉位于叉车的前部，为了平衡货物重量产生的倾翻力矩，在叉车的后部装有平衡重，以保持叉车的稳定。平衡重式叉车是目前应用最广泛的叉车，占叉车总量的80%左右
插腿式叉车	这种叉车的两条腿向前伸出，支撑在很小的车轮上。支腿的高度很小，可同货叉一起插入货物底部，由货叉托起货物。货物的重心落到车辆的支撑平面内，因此稳定性很好，不必再设平衡重。插腿式叉车一般由电动机驱动，蓄电池供电。它的作业特点是起重量小、车速低、结构简单、外形小巧，适用于通道狭窄的仓库内作业
手动式叉车	手动式插车无动力装置，使用、维护简便，起重量较小
侧面式叉车	侧面式叉车的门架和货叉在车体的一侧。在出入库作业的过程中，车体进入通道，货叉面向货架或货垛，适合于窄通道作业，利于装卸搬运条形长尺寸货物。室外工作一般采用充气轮胎，室内工作一般采用实心轮胎
前移式叉车	这种叉车有两条前伸的支腿，前轮较大，支腿较高，作业时支腿不能插入货物的底部，而门架可以带着整个起升机构沿支腿内侧的轨道移动。前移式叉车与插腿式叉车一样，都使货物的重心能落到车辆的支撑平面内，因此稳定性很好，适用于车间、仓库内作业
集装箱式叉车	这种叉车专门用于集装箱的装卸搬运，也有正面式和侧面式两类。它的主要特点是可搬运重量较大的货物
高货位拣选式叉车	这种叉车主要用于高位拣货。操作台上的操作者可与装卸装置一起上下运动，并拣选储存在两侧货架内的货物，适用于品种多、入出库量少的特选式高层货架仓库。它的起升高度一般为4～6 m，最高可达13 m。为保证安全，操作台起升时，只能微动

三、常用的叉车与叉车属具

常用的叉车见表1—5。

叉车属具是一种安装在叉车上以满足各种物料搬运和装卸作业特殊要求的辅助机构，它使叉车成为具有叉、夹、升、旋转、侧移、推拉、倾翻等多种用途和高效能的物料搬运工具。由于货物形状和尺寸的差异，叉车需要配备多种属具以提高其通用性。叉车属具可以扩大叉车的使用范围，保证作业安全，减小工人的劳动强度，提高叉车的作业效率。常用的叉车属具有货叉、侧移叉、夹持器、悬臂吊、串杆和推出器等，见表1—6。

表 1—5 常用的叉车

类　型	说　明
 a)  b) 平衡重式叉车 a）平衡重式内燃机叉车 b）平衡重式蓄电池叉车	平衡重式叉车主要依靠叉车前后移动叉卸货物。为保持平衡，这种叉车自重大、轮距大、行走稳定，但转弯半径大。按驱动形式不同，平衡重式叉车有内燃机驱动和蓄电池驱动两种 平衡重式叉车有四轮型和三轮型，可依靠换装各种叉车属具装卸搬运多种货物，主要用于车站、工厂等的货场，尤其适用于路面较差、搬运距离较长的区域 平衡重式内燃机叉车的运行特点与汽车相似，常采用汽车的标准部件，故维护、保养及配件的供应均较方便。平衡重式蓄电池叉车构造简单，活动部件少，磨损小，操作与维护保养容易，但需要充电设备，蓄电池怕振动，对路面要求高，且行走速度低 平衡重式叉车均从正面取货，适应性强，其作业场所以室外为主，小型的也可用于室内，最大起重量为 40 t，最大起升高度为 3 m。平衡重式内燃机叉车最高速度为 25 km/h，平衡重式蓄电池叉车最高速度为 12 km/h
 插腿式叉车	插腿式叉车前方的支腿（带有小轮子）能与货叉一起伸入货板叉货，然后由货叉提升货物。由于货物重心位于前、后车轮所包围的底面内，所以叉车的稳定性好。插腿式叉车一般采用蓄电池驱动，用于室内搬运，起重量一般在 2 t 以下 插腿式叉车比平衡重式叉车结构简单，自重和外形尺寸小，适合在狭窄的通道和室内堆垛、搬运，但速度低，行走轮直径小，对地面要求较高

续表

类　型	说　明
 a)  b) 前移式叉车 a）门架前移式叉车 b）货叉前移式叉车	前移式叉车结构的主要特点是车前部设有跨脚插腿，跨脚前端装有支轮，和车体的两轮形成四轮支撑，作业时，重心在四个轮的支撑面中，比较稳定。前移式叉车的货叉可沿叉车纵向前后移动。取货、卸货时，货叉伸出，叉卸货物后或带货移动时，货叉退回到接近车体的位置，因此叉车行驶时的稳定性好 前移式叉车分为门架前移式和货叉前移式。前者的货叉和门架一起移动，叉车驶近货垛时，门架能前伸的距离要受外界空间对门架高度的限制，因此只能对货垛的前排货物进行作业。后者的门架则不动，货叉借助于伸缩机构单独前伸。地面上如果具有一定的空间且允许插腿插入，叉车能够超越前排货架，同时对后一排货物进行作业 前移式叉车的车体较平衡重式叉车小，转弯半径小，可减小通路宽度。由于没有平衡重量的问题，因此自重轻，一般具有相同起重能力时，前移式叉车的自重轻约 500 kg。前移式叉车主要靠蓄电池驱动，起重量一般在 3 t 以下，最大起重量可达到 5 t，起重高度最高为 3 m，最大速度为 15 km/h。它的优点是车身小、重量轻、转弯半径小、机动性好、不需在货堆间留出空处，缺点是行走速度较慢且轮子半径较小，对地面要求较高。前移式叉车主要用于室内搬运作业，如配送中心及工厂厂房内，可节省通道面积，尤其在地域狭小之处运行时宜选用这种叉车
 侧面式叉车	侧面式叉车的门架和货叉侧向车体的一方。其作业的主要特点有两个：一是在出入库作业的过程中，车体进入通道，货叉面向货架或货垛，进行装卸作业时不必先转弯再作业；二是利于装卸搬运条形长尺寸货物，因为长尺寸货物与车体平行，不受通道宽度的限制。这些特点使侧面式叉车适于窄通道作业

续表

类　型	说　明
 拣选式叉车	拣选式叉车的主要特点是操作者能随装卸装置一起在车上进行拣货作业，当叉车行进到某一货位前，货叉取出货盘，操作人员将所需数量的货物拣出，再将货盘放回 拣选式叉车适用拣选式配货，在少批量、多品种拣货作业时，这种叉车与高层货架配合，形成一种特定的拣选工艺 由于拣货者与货叉同时升降，这种叉车的安全性要求较高，一般采用蓄电池供电，且起重量不大，行走稳定。在现代物流设施中，随着配送中心数量和拣货作业数量的增加，这种叉车越来越重要
 集装箱式叉车	集装箱式叉车是集装箱码头和堆场上常用的一种集装箱专用装卸机械，主要用于堆垛空的集装箱等辅助性作业，也可在集装箱吞吐量不大（年吞吐量低于3万个标准箱）的综合性码头和堆场进行装卸与短距离搬运
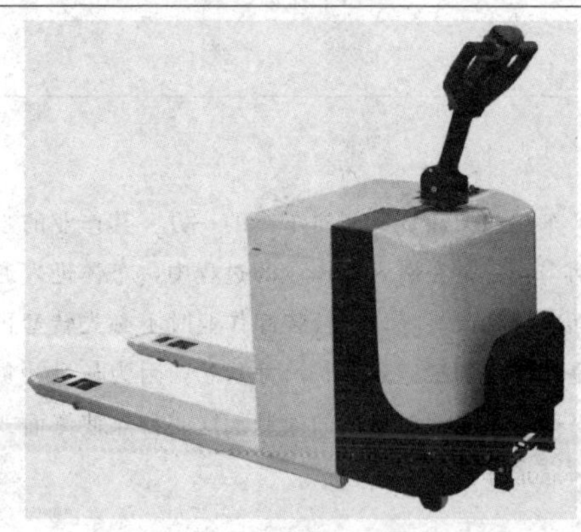 托盘式叉车	托盘式叉车又称为托盘搬运车，是以搬运托盘为主要功能的搬运车辆。托盘式叉车包括手动托盘式叉车和电动托盘式叉车 托盘式叉车与平衡重式叉车相比，车体小，重量轻，采用人工操作时负载不能太大。托盘式叉车搬运2 t以上的货物就比较困难，更适合短距离轻小货物搬运 在物流活动中，手动托盘式叉车主要用于装卸区域。当搬运距离加大时，应采用电动托盘式叉车

续表

类　　型	说　　明
 伸缩臂式叉车	与平衡重式叉车相比，伸缩臂式叉车具有如下特点：适应的作业范围广，可以跨越障碍进行货物的堆垛作业，通过变换叉车属具进行多种作业；稳定性有所改善，整车的重心后移，提高了运行的稳定性；通过移动臂杆而不需要移动车辆来对准货位，前方视野良好，堆垛的稳定性更高 

表 1—6　　　　叉 车 属 具

类　　型	说　　明
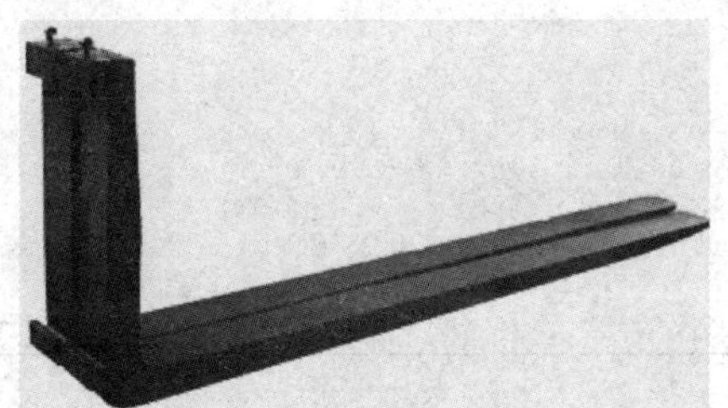 货叉	货叉是叉车最常用的属具，是叉车重要的承载构件，它呈“L”形，水平段用来叉取并承载货物。水平段的上表面平直、光滑，下表面前端略有倾斜；叉尖较薄较窄，两侧带有圆弧。货叉水平段的长度一般是载荷中心距的两倍左右。如果需要搬运体积大、重量轻的大件货物，需换用加长货叉或在货叉上套装加长套。货叉的垂直段与货架连接，根据连接方式的不同，货叉有挂钩型和铰接型两种。中、小型叉车一般采用挂钩型货叉，大型叉车一般采用铰接型货叉
 侧移叉	侧移叉是一种横向移动属具，带侧移叉的叉车与标准叉车相比，结构中主要增加了侧移叉架导轨与油缸。工作时驾驶员操纵侧移叉阀杆的控制手柄，侧移叉油缸就产生收缩运动，带动装有货叉的侧移叉左右移动，以便货叉对准或者叉取侧面紧靠障碍物的货物。侧移叉叉取货物时，能使货叉处于最有利的位置，按照指定地点正确卸放，以减少叉车的倒车次数，提高叉车的作业效率。侧移叉的侧向行程一般为 250 mm 左右

续表

类　型	说　明
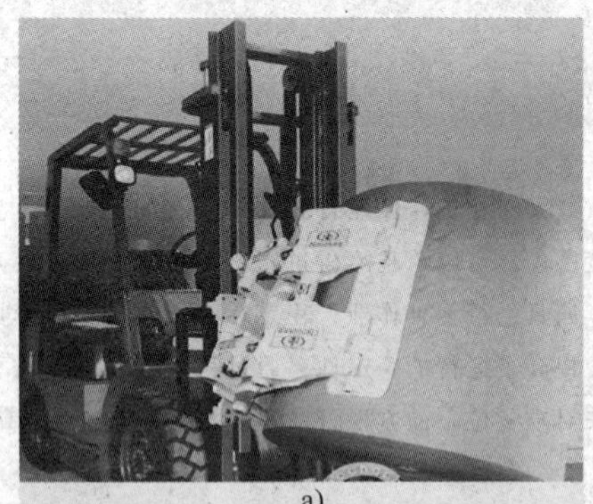 a)  b) 夹持器 a）移动式　b）旋转式	夹持器是一种以夹持方式搬运货物的属具。搬运装卸重量较轻、外形规则（如圆柱体、正方体、长方体）、不怕挤压的货物常使用这种属具。夹持器样式很多，常用的有移动式夹持器和旋转式夹持器。旋转式夹持器一般可在平行货架的平面内旋转
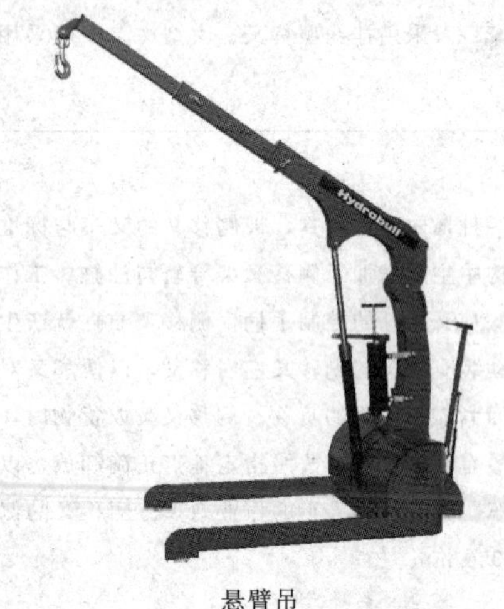 悬臂吊	叉车上使用的悬臂吊的结构形式很多，其中最常见的为单臂式。吊钩可根据需要在悬臂上移动以调节卸载距离，但是为了保证叉车的纵向稳定性，使用悬臂吊时必须参考制造商提供的载荷特性曲线，使吊运货重不超过吊钩所在位置的额定起重量

续表

类　型	说　明
 串杆	串杆主要用来装卸环状货物（如钢丝卷）和空心的筒状货物等
 推出器	推出器是可以将货物从货叉上推出的属具。推出器有液压作用式和重力作用式两种。液压推出器的推出动作由多路换向阀控制

四、叉车的安全使用

1. 叉车检查

叉车的检查可分为日检查、周检查和半年检查。

（1）日检查

在每班的开始，司机和管理人员需做如下检查。

1）检查轮胎压力是否正常。

2）记录、上报轮胎的任何损坏情况。

3）检查所有刹车装置是否有效。

4）检查所有指示灯是否正常工作。

5）检查动力车的（发动机）液面是否符合要求。

6）检查电瓶充电情况。

7）检查提升和倾斜系统是否正常工作。

日检查后填写书面报告。

(2) 周检查

管理人员或维修部门每周需要做如下检查。

1) 上述所有日检查项目。

2) 检查操纵、提升齿轮和其他工作部件的状况。

3) 检查柱、货叉等属具和其他机械的状况。

4) 检查液压系统是否有泄漏或损坏。

(3) 半年检查

管理人员或维修人员需要检查叉车所有工作部件，检查后填写书面报告。

2. 叉车维护维修

为叉车制订维护维修计划时需要考虑下列问题：

(1) 制造商提供的使用说明书有什么内容。

(2) 工作时是否参照说明书中的数据。

(3) 刹车装置、车灯、警告装置、安全锁等保护设施是否正常工作。

(4) 所有的司机是否接受过常规培训，并参加过更新的课程培训。

(5) 叉车是否按要求进行日检查、周检查和半年检查。

3. 叉车的安全操作规则

(1) 叉车操作者必须身心健康并持有操作许可证。

(2) 叉车不能在超重情况下运行。

(3) 叉车不能在不稳固载货的情况下运行。

(4) 叉车司机应注意事故易发点。

(5) 叉车司机应格外注意装载月台的情况。

(6) 除司机外，叉车决不能搭载乘客。

(7) 叉车司机应保持身体在车内。

(8) 叉车司机应保证遵循安全法规。

(9) 叉车司机应遵守制造商提供的操作手册。

(10) 叉车司机应遵守按时进行预防性维修的规定。

(11) 叉车只能在允许范围内使用。

第三节 起重设备

起重设备是一种以间歇作业方式对物料进行起升、下降和水平移动的搬运设备。多数起重设备在取料之后即开始进行垂直或垂直兼水平的工作行程，到达目的地后卸载，再空行程到取料地点，完成一个工作循环，然后再进行第二次吊运或搬运。一般来说，起重设备工作时，取料、运移和卸载是依次进行的，各相应机构的工作是间歇性的。本节重点介绍岸边集装箱装卸桥、龙门起重机和门座起重机。

一、岸边集装箱装卸桥

如图 1—6 所示，岸边集装箱装卸桥（简称岸桥）是集装箱船与码头前沿之间装卸集装箱的主要设备。个别码头还利用岸桥的大跨距和大后伸距直接进行堆场作业。由于岸桥具有效率高、车船作业简便、适用性强的优点，多数集装箱专用码头都安装有该设备。岸桥的装卸能力和速度直接决定码头作业的生产率，是港口集装箱装卸的主要设备。

图 1—6　岸边集装箱装卸桥

1. 岸桥的结构和工作原理

岸桥主要由带行走机构的门架、小车运行机构、俯仰机构、起升机构、承担臂架重量的拉杆和臂架等几部分组成。臂架可分为海侧臂架、陆侧臂架和门中臂架三部分。海侧臂架用以装卸集装箱，通过俯仰机构可进行俯仰，以便集装箱装卸桥移动时与船舶的上层建筑不发生碰撞；陆侧臂架上面设有平衡装置，用来保持装卸桥的平衡与稳定；门中臂架用于连接海侧臂架和陆侧臂架。

岸桥进行工作时，门架沿着与岸边平行的轨道行走，小车沿着臂架上的轨道往返于海、陆两侧臂架，吊运集装箱，进行装船和卸船作业。岸桥设计时要求在16 m/s 以内的风速下可以正常作业，并在 50 m/s 风速下保持稳定。岸桥起重量一般为 30～35 t，平均装卸效率为 25～35 TEU/h，双小车岸桥效率可以达到 60 TEU/h。

2. 岸桥的选择

岸桥小车和大梁结构形式的选择历来有不同的做法。美国企业通常采用半牵引式小车和双箱梁，欧洲企业偏爱载重小车和单箱梁，亚洲企业则较多采用牵引式小车和板式单梁型。

随着岸桥的不断大型化，载重小车和单箱梁的岸桥逐渐体现出其优势，而单箱梁结构型自行式小车岸桥的优势较大。较高的吊具起升高度和较快的小车运行速度、加速度及较大的吊具起重量为获得较高的作业效率提供了条件，但要实现高效作业还取决于操作环节。集装箱码头管理信息化的迅速发展，使远程起重机管理系统成为码头生产管理系统必要的组成部分之一，除了能实现设备的远程管理、故障诊断等功能外，该系统还能实时提供码头生产管理的必要数据。因此，为远程起重机管理系统配备必要的设备和软件，应该成为用户对起重机制造商的常规要求。

二、龙门起重机

龙门起重机又称龙门吊，其外形结构如图 1—7 所示。龙门起重机的起重小车在主梁的轨道上运行，有的起重小车就是一台臂架型起重机。桥架两侧的支腿一般都是刚性的。当跨度超过 30 m 时，通常一侧为刚性支腿，而另一侧为柔性支腿，这样就可以避免在外载荷作用下由于侧向推力而引起的附加应力，也可补偿桥架由于纵向的温度变形使龙门起重机的受风面积增大。为防止在强风作用下滑行或翻倒，龙门起重机需要装上测风仪和与运行机构连锁的起重机夹轨器。为扩大作业范围，龙门起重机主梁可以一端有悬臂或两端都有悬臂。

图 1—7　龙门起重机

龙门起重机的应用十分普遍，它具有场地利用率高、作业范围大、适应面广、通用性强等特点，在港口、车站、码头、库场等场所担负着生产、装卸、安装等作业过程的货物装卸搬运任务，是企业生产经营活动中实现机械化和自动化的重要生产力。

1. 龙门起重机的类型

(1) 按门框结构不同进行分类

按照门框结构不同，龙门起重机可分为全门式龙门起重机（见图 1—8a、c、d）和半门式龙门起重机（见图 1—8b），其中全门式龙门起重机又可分为双悬臂龙门起重机（见图 1—8c）和单悬臂龙门起重机（见图 1—8d）。一般半门式龙门起重机主梁无悬臂，小车在跨度内运行并且其支腿有高低差，可根据使用场地的土建要求而定。双悬臂是最合理的一种结构形式，其结构的受力和场地面积的有效利用都是合理的。单悬臂往往因场地受限制才被选用。

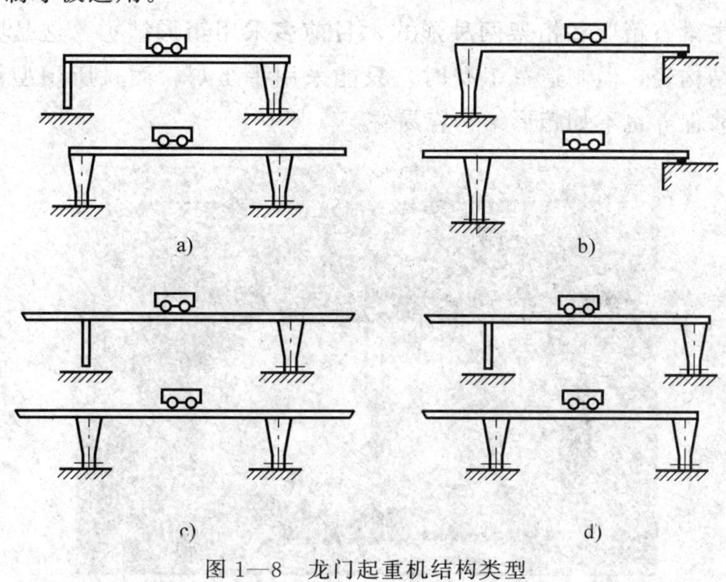

图 1—8　龙门起重机结构类型

a) 全门式　b) 半门式　c) 双悬臂　d) 单悬臂

(2) 按主梁结构形式不同进行分类

按主梁结构形式不同，龙门起重机可分为单主梁龙门起重机和双主梁龙门起重机。

如图 1—9 所示为单主梁龙门起重机，其结构简单，制造安装方便，自身质量轻，当起重量 $G \leqslant 50$ t、跨度 $L \leqslant 35$ m 时，多采用这种形式。支腿结构形式有“L”形、“C”形和“八”字形 3 种。“L”形制造安装方便，受力情况好，自身质量轻，但是吊运货物通过支腿处的空间相对小些。“C”形有较大的横向空间，方便货物顺利通过支腿。“八”字形结构稳定性最好，应用较为广泛。

图 1—9　单主梁龙门起重机

双主梁龙门起重机如图 1—10 所示。其承载能力强、跨度大、整体稳定性好、品种多，但自重与相同起重量的单主梁龙门起重机相比要大一些，造价也较高。双主梁龙门起重机的主梁有箱形和桁架两种形式，目前多采用箱形结构。这是因为桁架结构质量虽比箱形结构轻，但制造费工费时，只能采用手工焊，而且所用型钢品种多，备料难度大，维修保养也不如箱形结构容易。

图 1—10　双主梁龙门起重机

(3) 按使用场合不同进行分类

按使用场合不同，龙门起重机可分为四类。

1) 普通龙门起重机。这种起重机用途最广泛，可以搬运各种成件物品和散装物料，起重量在 100 t 以下，跨度为 4～35 m。

2) 水电站龙门起重机。这种起重机主要用来吊运和启闭闸门，也可进行安装作业。其起重量达 80～500 t，跨度较小，为 8～16 m，起升速度较低，为 1～5 m/min。这种起重机虽然不是经常吊运，但一旦使用，工作却十分繁重。

3）造船龙门起重机。这种起重机用于在船台上拼装船体，常备有两台起重小车：一台有两个主钩，在桥架上翼缘的轨道上运行；另一台有一个主钩和一个副钩，在桥架下翼缘的轨道上运行，以便翻转和吊装大型的船体分段。造船龙门起重机的起重量一般为100～1 500 t，跨度达185 m，起升速度为2～15 m/min，还有0.1～0.5 m/min的微动速度。

4）集装箱龙门起重机。如图1—11所示，这种起重机用于集装箱码头。拖挂车将岸桥从船上卸下的集装箱运到堆场或后方后，由集装箱龙门起重机堆码起来或直接装车运走，加快岸桥或其他起重机的周转。集装箱龙门起重机可堆放高3层或4层、宽6排的集装箱堆场，一般用轮胎式，也有用轨道式。与集装箱跨运车相比，集装箱龙门起重机的跨度和门架两侧的高度都较大。为适应港口码头的运输需要，这种起重机的工作级别较高，起升速度为8～10 m/min，跨度根据需要跨越的集装箱排数来决定，最大为60 m左右。

图1—11　集装箱龙门起重机

2. 常见的集装箱龙门起重机

（1）轮胎式集装箱龙门起重机

轮胎式集装箱龙门起重机是集装箱货场装卸与堆垛集装箱的高效专用机械。它的金属结构是由两条箱形主梁和两个“Ⅱ”形（箱形断面）支腿构成的龙门门架，支撑在充气的橡胶轮胎上，在货场运行。装有集装箱吊具的起重小车则沿主梁轨道运行，用以装卸底盘车和进行堆垛，如图1—12所示。

轮胎式集装箱龙门起重机的主要特点是机动灵活、通用性强。它不仅能前进、后退，而且还设有转向装置，能左右转向90°，可从一个堆场转向另一个堆场进行作业。

图 1—12 轮胎式集装箱龙门起重机

轮胎式集装箱龙门起重机的跨距是指两侧行走轮中心线之间的距离。跨距大小取决于所需跨越的集装箱列数和底盘车的通道宽度。根据集装箱堆场的布置，跨距通常按跨 6 列集装箱和一条底盘车通道设计。这种规格的轮胎式龙门起重机跨距内的集装箱和车道的布置方式有两种，如图 1—13 所示。按如图 1—13a 所示方式，底盘车通道放在中间，两边各排 3 列集装箱。这种布置方式与如图 1—13b 所示方式相比较有许多优点，如小车行走距离较短、操作视线较好、找箱较容易。但是，由于车辆在箱之间运行较困难，容易与集装箱发生碰撞，因此实际使用中往往还是采用如图 1—13b 所示的方式。

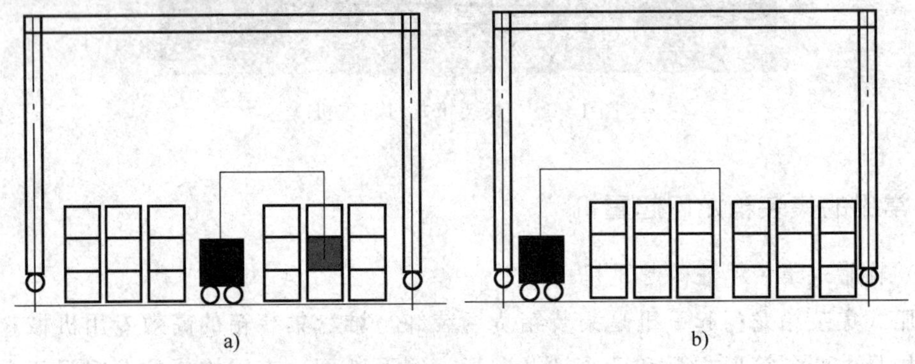

图 1—13 轮胎式集装箱龙门起重机布置方式

（2）轨道式集装箱龙门起重机

轨道式集装箱龙门起重机如图 1—14 所示，它是集装箱码头堆场上进行装卸、搬运和堆垛作业的一种高效的专用机械。轨道式集装箱龙门起重机是沿着场地上铺设的轨道行走的，因此，只能限制在所设轨道某一范围的场地内进行作业。轨道式集装箱龙门起重机确定机械作业位置的能力较强，故较易实现全自动化装卸，是自动化集装箱码头比较理想的一种机械。

图 1—14　轨道式集装箱龙门起重机

与轮胎式集装箱龙门起重机相比，轨道式集装箱龙门起重机具有跨度大、堆垛层数多、可靠性强、设备投资小、易于实现全自动化等优点。其缺点主要是灵活性差。

3. 集装箱龙门起重机的选择

集装箱装卸机械是集装箱运输中的关键设备，其投资占集装箱货场总投资的 1/3 以上。选择什么样的设备直接关系到集装箱运输业的发展速度和经营成本。集装箱装卸与一般货物装卸的主要区别体现在其多用于吞吐量大、装卸频繁的集装箱货场、货运站。这些场所要求作业效率高，能自动摘挂箱、自动对位，具有防摇等功能。选择起重设备的时候，应该考虑集装箱的具体情况（如大小、类型等）。通常情况下，都是在轮胎式集装箱龙门起重机和轨道式集装箱龙门起重机中进行选择。

轨道式集装箱龙门起重机与轮胎式集装箱龙门起重机相比有以下优点。

（1）经济、实用，其成本只相当于一台轮胎式集装箱龙门起重机的 1/4～1/2。

（2）坚固、耐用，使用寿命可超过 30 年。

（3）可因地制宜自行设计、制造和维修。

（4）操作简单、安全可靠。

（5）使用成本低。

（6）以电力为动力，对环境污染小。

（7）库容利用率与轮胎式集装箱龙门起重机相当，比其他任何起重机都高。

长期以来，我国集装箱堆场特别是沿海港口集装箱堆场主要采用昂贵的进口轮胎式集装箱龙门起重机，而内陆铁路车站、河港码头、小型集装箱货场则多采用轨道式集装箱龙门起重机。

三、门座起重机

门座起重机（见图1—15）又称门机，是有轨运行的臂架型起重机。由于具有较好的工作性能和独特的结构，它在现代化的港口、车站和库场装卸设备中占据着重要的地位。门座起重机能沿地面轨道运行，其下方可通过铁路车辆或其他地面车辆。

图1—15　门座起重机

门座起重机是随着港口事业的发展而发展起来的。门座起重机与其他起重机的区别是，它的回转部分安装在一个巨大的门架上，门架可以沿地面的轨道运行。门架又是整个起重机的承载部分，起重机工作时的全部载荷均由门架传到地面的轨道上，门座起重机由此而得名。门座起重机主要由五部分组成。

结构部分：包括门架、人字架、旋转平台、臂架系统（臂架、拉杆、象鼻梁）等。

机构部分：包括起升机构、变幅机构、旋转机构、运行机构。

电气部分：一般通过电缆卷筒或地沟滑线供电，采用电力直接驱动；一般包括电线电缆、中心集电器、电动机、变压器、电阻器、控制柜、操纵台、照明设备等。

安全装置部分：包括限位装置、超载限制器、缓冲器、防风抗滑装置等。

附属装置：包括司机室、机房平台等。高度超过 20 m 的大型门座起重机应当安装附属的简易电梯。

1. 门座起重机的分类

(1) 装卸用门座起重机

装卸用门座起重机主要用于港口和露天堆料场，用抓斗或吊钩装卸，起重量一般不超过 25 t，不随幅度变化，工作速度较高。

(2) 造船用门座起重机

造船用门座起重机主要用于船台、浮船坞和舣装现场，进行船体拼接、设备舣装等吊装工作，用吊钩作为吊具，最大起重量达 300 t，幅度大时起重量相应减小。它有多挡起升速度，吊重轻时可提高起升速度。有些工作机构还备有微动装置，以满足安装要求。

(3) 建筑安装用门座起重机

建筑安装用门座起重机主要用在水电站进行大坝浇灌、设备和预制件吊装等，一般用吊钩，起重量和工作速度一般介于装卸用门座起重机和造船用门座起重机之间。它具有整机装拆、运输性好、吊具下放深度大、能较好地适应临时性工作和可以在栈桥上工作等特点。

2. 门座起重机的特点

门座起重机的特点见表 1—7。

表 1—7　　门座起重机的特点

特点	具体内容
优点	1. 门座起重机的工作机构具有较高的运动速度。起升速度可达 70 m/min，变幅速度可达 55 m/min 2. 门座起重机的额定起重量范围很宽。一般为 5～100 t，造船用门座起重机的起重量范围已达到 120～200 t 3. 门座起重机的使用效率高。每昼夜可工作 22 h，台时效率也很高，一般能达 100 t/h 以上，这是为了适应港口装卸生产率高、作业频繁的特点 4. 门座起重机的结构是立体的，不多占用码头、货场的面积，且具有高大的门架和较长的伸臂，因而具有较大的起升高度和工作幅度，能满足港口码头船舶和车辆的机械化装卸、转载以及充分使用场地的要求 5. 门座起重机具有高速灵活、安全可靠的装卸能力，对提高生产率、减轻劳动强度具有重大的意义
缺点	1. 门座起重机造价高，需用的钢材多 2. 门座起重机需要较大的电力供给 3. 门座起重机一般轮压较大，需要坚固的地基 4. 门座起重机附属设备多，如变电所、电缆等

第四节　输送设备

输送设备是以连续的方式沿着一定的路线从装货点到卸货点均匀输送散装货物或者成件包装货物的设备。由于货物性质不同，与之对应的输送设备主要有间歇性输送设备和连续性输送设备两类。前者主要用于集装单元货物的装卸搬运，又称单元负载式输送机，后者主要用于散装货物的装卸和搬运。输送设备如图 1—16 所示。

图 1—16　输送设备

一、重力式输送机

重力式输送机以输送物品的本身重量为动力，货物在倾斜的输送机上自上而下地滑动，输送机不需要动力。其优点是成本低，易于安装和扩充。重力式输送机主要有重力式滚轮输送机和重力式滚筒输送机。

1. 重力式滚轮输送机

重力式滚轮输送机的主要特点是重量轻、易搬动、装卸方便。对于表面较软的物品，如布袋之类，重力式滚轮输送机较重力式滚筒输送机有较好的输送性。但是，底部被挖空的容器不宜使用重力式滚轮输送机。为使物品输送平稳，一件物品任何时候最少有分布在 3 根轴上的 5 个滚轮支撑，如图 1—17 所示。

重力式滚轮输送机的骨架材料有钢和铝两种，铝架用于轻负荷。滚轮材料有钢、铝和塑料 3 种。钢制滚轮负载能力为 11～23 kg，铝制滚轮负载能力为 4.5～18 kg，塑料滚轮的负载能力在 10 kg 以下。

重力式滚轮输送机常用的宽度有 300 mm、400 mm、500 mm 和 600 mm。标准长度为 1.5 m、2 m 和 3 m。单位长度的滚轮数取决于物品的大小，较小物品要求更多的

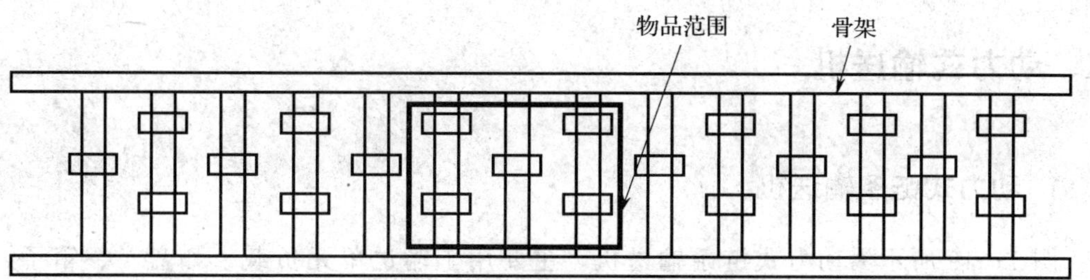

图 1—17 物品由多个滚轮支撑

滚轮。滚轮排列如图 1—17 所示，骨架的强度与负载大小和支腿的距离有关。在选择重力式滚轮输送机时应根据载荷大小计算骨架变形量，当超过变形量时应增加支腿。一般情况下，生产厂家要提供骨架变形量。

输送机的倾斜度与输送物品的重量和表面条件有关。输送纸箱时，输送机的倾斜度为每 1 m 升高 2.5 cm；表面结实、光滑的物品需要的倾斜度较小，表面较软的物品需要较大的倾斜度。最终选择多大倾斜度，须根据具体经验和实际情况来决定。重力式滚轮输送机在没有减速装置的条件下，最长为 12～15 m。根据实际需要，重力式滚轮输送机可组合成直线式、转弯式和分支式 3 种。转弯式的滚轮平均倾斜角只有直线式的 1/2。为了保持物品的方向性和平稳性，输送机的转弯内侧半径最小应等于物品的宽度，物品的宽度比输送机宽度两边各小 50 mm。

2. 重力式滚筒输送机

重力式滚筒输送机的特点是应用范围远远大于重力式滚轮输送机。一般不适合重力式滚轮输送机的负载，如塑料篮子、筒形物等均适合重力式滚筒输送机。重力式滚筒输送机滚筒支撑数与物品稳定性的关系如图 1—18 所示，最少也要 3 个滚筒支撑物品才能保证正常的输送工作。

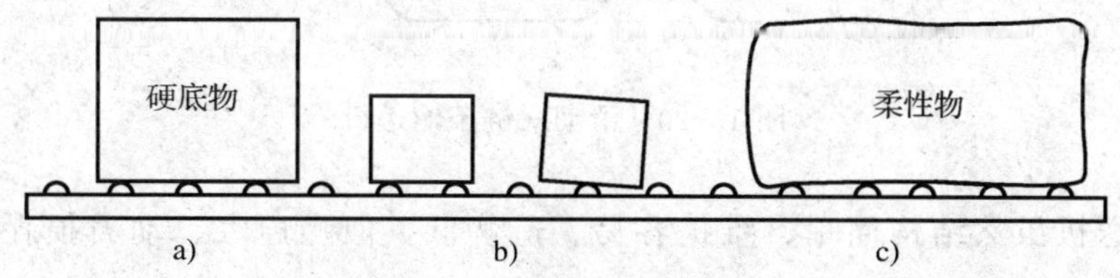

图 1—18 重力式滚筒输送机

a）硬底物品至少需 3 个滚筒 b）少于 3 个滚筒，输送将不稳定 c）柔性物品则需 4 个以上滚筒

关于重力式滚筒输送机的倾斜角，经验表明，对于布袋物品可采用 5°～20°，薄纸箱为 2°～12°，木箱为 2°～8°。安装时，通过调整支腿的高低就可以调整倾斜角的大小，直到合适为止。

二、动力式输送机

1. 动力式链条输送机

图 1—19 所示为动力式链条输送机，主要用于输送单元负载，如盘子、箱子，在物流中心多用滑动式和滚动式链条输送机。

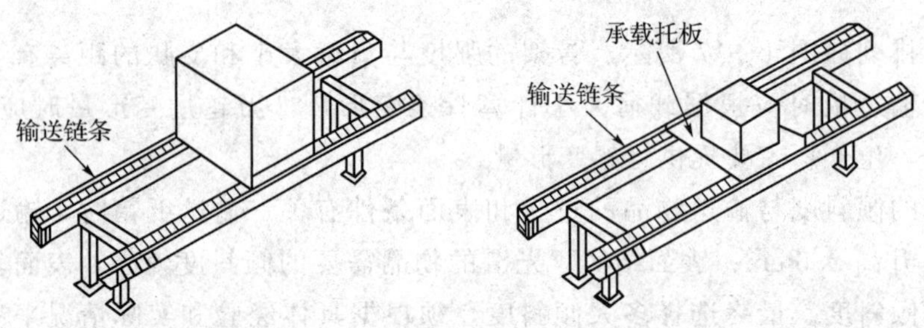

图 1—19　动力式链条输送机

（1）滑动式链条输送机

如图 1—20 所示，这种输送机由链条承受货物，链条直接在导轨上滑行。因为摩擦力较大，故滑行导轨宜采用摩擦因数小而且耐磨的材料。这种输送机适用于轻物品的短距离输送。

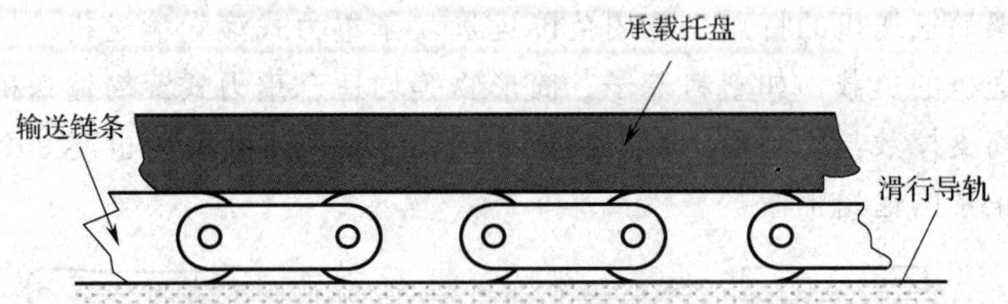

图 1—20　滑动式链条输送机

这种输送机虽然结构简单、维护容易、造价低，但噪声大、动力损耗大、承载能力小，已逐渐被滚动式链条输送机所取代。

（2）滚动式链条输送机

如图 1—21 所示，由于是滚动摩擦，这种输送机的摩擦阻力小，动力损耗低，承载能力大。滚子材料一般为钢材，有时为了降低噪声，也有用工程塑料的。这种输送机输送速度较慢，构造简单、易维护，常用于自动化立体仓库的前段及配送、包装等区域。

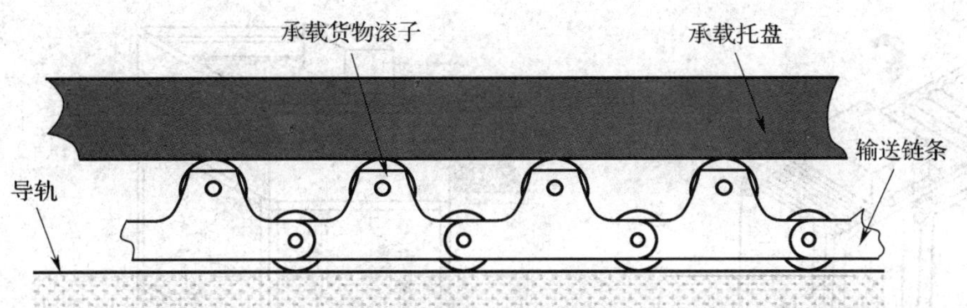

图 1—21　滚动式链条输送机

2. 动力式滚筒输送机

动力式滚筒输送机的应用范围较广，常用于储积、分支、合流和较重负载，此外，也广泛用于油污、潮湿、高温和低温环境。

平带驱动式滚筒输送机是在平带上安装了许多承载滚筒，在下方装有调整松紧的压力滚筒。承载滚筒的选择和间隔大小与承载物品的大小、重量等有关。位于两承载滚筒之间的压力滚筒可上下调整，从而达到调整带驱动力的目的。当货物被输送到分支点范围时，必须调高压力滚筒，从而增加对负载的驱动力。因带的宽度与实际输送物品的表面无关，所以可选用较窄的带，但是选择带的宽度时必须考虑带的有效拉力和单位宽度的负载能力。在设计时，应该对照带生产厂家提供的带的拉力值等有关数据进行选择。

以上介绍的重力式输送机和动力式输送机主要用于水平方向的货物输送，配送中心也经常使用垂直输送设备来输送货物。下面介绍常用的垂直输送设备。

三、垂直输送设备

1. 垂直升降输送机

物流中心各楼层之间的物品搬运是非常重要的，除了电梯之外，还必须有专用的垂直输送设备，这样可充分利用空间。垂直升降输送机运动平稳，不会使物品因振动而损坏。如图 1—22 所示为垂直往复式升降输送机，其原理与电梯类似，垂直输送物品升降平台是由卷扬机或液压装置驱动进行上下移动的。

2. 托盘式垂直升降输送机

如图 1—23 所示为托盘式垂直升降输送机，因为能连续输送，所以效率较高。这种输送机可节省空间和人力，承载能力大，承载范围为 50～2 000 kg。

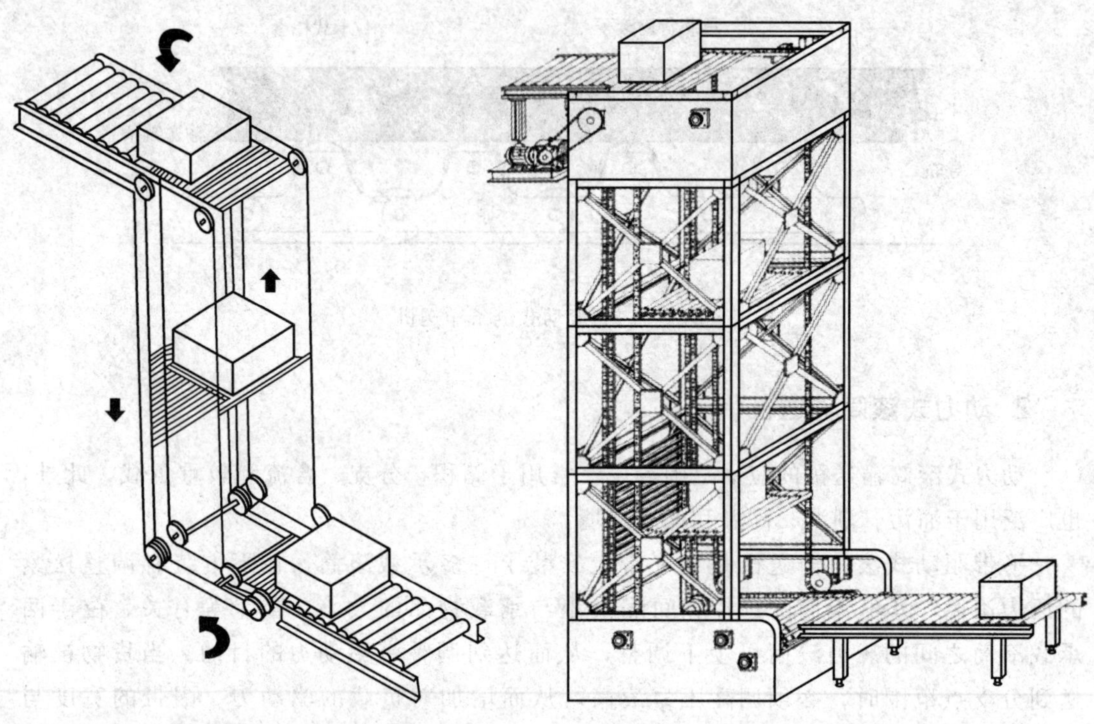

图 1—22 垂直往复式升降输送机　　图 1—23 托盘式垂直升降输送机

3. 悬挂式输送机系统

如图 1—24 所示为悬挂式输送机系统。这个系统由导轮、导轨、从动轮、轴、梁和挂物轴组成。当主动轴转动时，与主动轴交叉成一定角度（小于 15°）的从动轮一面转动，另一面又沿主动轴方向前进，从而带动与 4 个从动轮固连一起的支架移动，被输送的物品悬挂在挂物轴的下端。导轨支撑着导轮，主要起承载作用，主动轮是通过驱动装置来转动的。

这种输送机系统主要用于服饰类较轻货物的输送，最大可输送重 25～35 kg 的物品。其优点是没有噪声、平稳、安全、卫生和效率较高，故在物流中心得到广泛的应用。

4. 螺旋滑槽式垂直输送机

螺旋滑槽式垂直输送机如图 1—25 所示。它利用重力及螺旋倾斜滑槽使货物自上而下平稳滑下。因为没有驱动装置，它只能向下而不能向上输送货物。

图 1—24　悬挂式输送机系统

图 1—25　螺旋滑槽式垂直输送机

第五节　巷道式堆垛起重机

巷道式堆垛起重机简称堆垛机，如图 1—26 所示，它是由叉车、桥式堆垛机演变而来的。桥式堆垛机由于桥架笨重，运行速度受到很大的限制，它仅适用于出入库频

图 1—26　巷道式堆垛起重机

率不高或存放长形原材料和笨重货物的仓库，其优点在于可以方便地为多个巷道服务。目前高层自动化立体仓库（AS/RS）中应用最广的是巷道式堆垛起重机。它的主要用途是在高层货架的巷道内来回穿梭运行，将位于巷道口的货物存入货格，或者取出货格内的货物并将其运送到巷道口。这对巷道式堆垛起重机的结构和性能提出了一系列严格的要求。如图1—27所示为叉车及巷道式堆垛起重机占用通道宽度的比较。

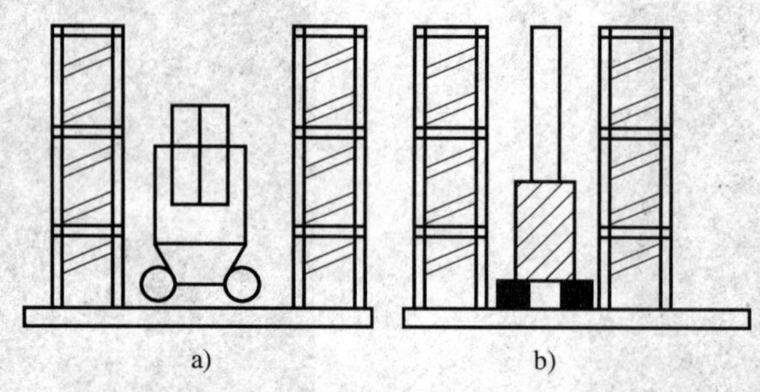

图1—27　叉车及巷道式堆垛起重机占用通道宽度的比较

a）叉车　b）巷道式堆垛起重机

一、巷道式堆垛起重机的分类与作用

巷道式堆垛起重机通常按其金属结构形式、起重机运行支撑方式和取货作业方式进行分类，见表1—8。

表1—8　巷道式堆垛起重机的分类与作用

分类		特点	作用
按金属结构形式分类	单立柱型	1. 金属结构由一根立柱和上、下横梁组成（或仅有下横梁） 2. 自重较轻，但刚度较差	一般用于起重量2 t以下、起升高度不大于16 m的仓库
	双立柱型	1. 金属结构由两根立柱和上、下横梁组成一个刚性横梁 2. 刚度好，自重较单立柱重	1. 适用于各种起升高度的仓库 2. 起重量可达5 t或更大 3. 适用于高速运行，快速启动、制动

续表

分类		特点	作用
按起重机运行支撑方式分类	地面支撑型	1. 支撑在地面轨道上，由下部车轮支撑和驱动 2. 上部设有水平导向轮 3. 运行机构布置在下部	1. 适用于各种起重机和各种起升高度的仓库 2. 用途最广
	悬挂型	1. 仓库屋架下装设轨道，起重机悬挂于轨道下翼缘上运行 2. 仓库货架下部设有导轨，起重机下部设有水平导向轮，靠在导轨上防止摆动过大 3. 运行机构设在起重机上部	1. 适用于起重量较轻、起升高度较低（不大于 15 m）的仓库 2. 便于转移巷道 3. 使用较少
	货架支撑型	1. 巷道两侧的货格顶部敷设轨道，起重机支撑在两侧轨道上运行 2. 仓库货架下部设有导轨，起重机下部设有水平导向轮，靠在导轨上防止摆动过大 3. 运行机构设在起重机上部	1. 适用于起重量和起升高度均较小的仓库 2. 使用很少
按取货作业方式分类	单元型	1. 以整个货物单元出、入库 2. 起重机载货台必须备有叉取货物的装置 3. 自动控制时，机上无司机	1. 适用于整个货物单元出入库的作业，或者“货到人”的拣选作业 2. 使用最广泛
	拣选型	1. 堆垛机上设有司机室，由司机从货物单元中拣选一部分货物出库 2. 载货台上可以不设叉取装置，直接由司机手工操作取货 3. 全自动拣选式堆垛机用自动取货装置拣选	1. 适用于“人到货”的拣选作业 2. 大多为手动与半自动控制 3. 全自动拣选机使用极少

二、巷道式堆垛起重机的结构组成

巷道式堆垛起重机由起升机构、运行机构、载货台及取货装置、机架和电气部分等组成。

1. 起升机构

起升机构由电动机、制动器、减速器、滚筒或链轮、柔性件组成。常用的柔性件有钢丝绳和起重链两种。除了使用一般的齿轮减速器外，由于需要比较大的减速比，因而蜗轮蜗杆减速器和行星齿轮减速器的使用也不少。起重链传动装置多数装在起重

机上部，通常配有平衡重块，以减小提升功率。为了使起升机构结构紧凑，常常使用带制动器的电动机。起升机构的工作速度一般为 15～25 m/min，最高可达 45 m/min。但不管选多高的工作速度，都应备有慢速挡，其速度一般为 3～5 m/min，主要是使运动机构能平稳、准确地停在规定位置，以便存取货物。

2. 运行机构

运行机构由电动机、联轴节、制动器、减速箱和行走轮组成。运行机构按所在位置不同，可以分为地面运行式、上部运行式和中间运行式等，其中地面运行式使用最广泛。这种方式一般用 2 个或 4 个车轮，沿敷设在地面上的轨道运行。在起重机的顶部有两组水平轮，沿着固定在屋架下弦上的轨道导向。如果起重机车轮与金属结构通过垂直小轴铰接，起重机就可以走弯道，从一个巷道转移到另一个巷道工作。上部运行式起重机又可分为支撑式和悬挂式两种：前者支撑在货架顶部敷设的两条轨道上运行，起重机下部有两组水平轮导向；后者则是悬挂在位于巷道上方的工字钢下翼缘上运行，下部同样有水平轮导向。

3. 载货台及取货装置

载货台是货物单元承接装置，通过钢丝绳或链条与起升机构连接，可沿立柱导轨上下升降。取货装置安装在载货台上，有司机室的堆垛机，司机室一般也装在载货台上，随载货台升降。对只需要拣选一部分货物的拣选式堆垛机，载货台上不设取货装置，只有平台供放置盛货容器用。

取货装置一般是货叉伸缩机构，货叉可以横向伸缩，以便向两侧货格送入（取出）货物。货叉结构常用三节伸缩式，由前叉、中间叉、固定叉和导向滚轮等组成，货叉的传动方式主要有齿轮—齿条和链轮—链条两种。货叉伸缩速度一般为 15 m/min 以下，高的可达 30 m/min，低于 10 m/min 时需配备慢速挡，在启动和制动时用。

4. 机架

机架由立柱和上、下横梁连接而成，是巷道式堆垛起重机的承载构件。机架有单立柱和双立柱两大类。单立柱结构的机架只有一根立柱和一根下横梁。这种结构重量比较轻，制造工时和消耗材料较少，起重机运行时，司机的视野比双立柱结构好得多，但刚度较差，一般适用于高度不到 10 m、轻载荷的巷道式堆垛起重机。双立柱结构的机架由两根立柱和上、下横梁组成一个长方形框架。这种结构的强度和刚度都比较好，适用于起重量较大或起升高度较高的巷道式堆垛起重机。

5. 电气部分

巷道式堆垛起重机的电气部分除极个别外，都采用变速的电力拖动系统，常用的有晶闸管供电直流调速系统、交流变极电动机调速系统、交流双电动机调速系统、晶闸管交流定子调压调速系统、涡流制动器调速系统和变频调速系统等。

思考练习题

1. 人力搬运车分为哪些类型？各有什么特点？
2. 自动导引搬运车有什么特点？
3. 叉车是如何分类的？
4. 操作叉车应注意哪些事项？
5. 龙门起重机和门座起重机各有什么特点？
6. 巷道式堆垛起重机是如何分类的？各有什么作用？

第二章　运输设施设备

第一节　公路运输设施设备

公路运输是现代运输方式的一种，是指使用公路设施与设备运送货物的一种运输方式，特点是机动灵活，投资少，受自然条件限制少，为铁路运输、水路运输、航空运输起集散作用。公路运输是实现“门到门”运输的主要形式，即从发货者门口直到收货者门口，而不需转运或反复装卸搬运。同时，公路运输也可作为其他运输方式的衔接手段。公路运输设施设备主要由公路、汽车站场和运输车辆组成。

一、公路

公路是为汽车运输或其他交通服务的工程结构物，可按行政等级或交通量、使用任务分类。

1. 按行政等级分类

按行政等级不同，公路可分为国家公路、省公路、县公路、乡公路（分别简称为国道、省道、县道、乡道）和专用公路五个行政等级，一般把国道和省道称为干线，县道和乡道称为支线，见表2—1。

表2—1　　公路按行政等级分类

等级划分	具体内容
国道	国道是指具有全国性政治、经济意义的主要干线公路，包括重要的国际公路，国防公路，连接首都与各省省会、自治区首府、直辖市的公路，以及连接各大经济中心、港站枢纽、商品生产基地和战略要地的公路

续表

等级划分	具体内容
省道	省道是指具有全省（自治区、直辖市）政治、经济意义，并由省（自治区、直辖市）公路主管部门负责修建、养护和管理的公路干线
县道	县道是指具有全县（县级市）政治、经济意义，连接县城和县内主要乡（镇）、主要商品生产和集散地的公路，以及不属于国道、省道的县际公路。县道由县、市公路主管部门负责修建、养护和管理
乡道	乡道是指主要为乡（镇）村经济、文化、行政服务的公路，以及不属于县道及以上公路的乡与乡之间及乡与外部联络的公路。乡道由乡人民政府负责修建、养护和管理
专用公路	专用公路是指专供或主要供厂矿、林区、农场、油田、旅游区、军事要地等与外部联系的公路。专用公路由专用单位负责修建、养护和管理，也可委托当地公路部门修建、养护和管理

2. 按交通量、使用任务分类

按交通量、使用任务不同，公路可分为高速公路、一级公路、二级公路、三级公路、四级公路五个等级，见表 2—2。

表 2—2　公路按交通量、使用任务分类

等级划分	具体内容
高速公路	高速公路是具有特别重要的政治、经济意义的公路，有四个或四个以上车道，并设有中央分隔带、全部采用立体交叉并具有完善的交通安全设施、管理设施和服务设施，全部控制出入，是专供汽车高速行驶的专用公路，能适应的年平均日交通量为 25 000 辆以上
一级公路	一级公路是连接重要政治经济中心、部分立体交叉的公路，一般为四车道，能适应的年平均日交通量（将各种汽车折合成小客车）为 15 000～30 000 辆，为通往重点工矿区、港口、机场，专供汽车分道行驶并部分控制出入的公路
二级公路	二级公路是连接政治、经济中心或大型工矿区、港口、机场等地的专供汽车行驶的公路或运输任务繁忙的城郊公路，一般为二车道，又分为专用二级公路和一般二级公路两种。专用二级公路的日均交通量（将各种汽车和摩托车折合成中型载重汽车）为 4 500～7 000 辆，汽车分道行驶。一般二级公路的日均交通量（将各种汽车和摩托车折合成中型载重汽车）为 2 000～5 000 辆
三级公路	三级公路是一般能适应年平均日交通量（将各种车辆折合成载重汽车）200～2 000 辆，沟通县或县以上城市的支线公路，一般为二车道
四级公路	四级公路是一般能适应年平均日交通量（将各种车辆折合成载重汽车）200 辆以下，沟通县或镇、乡的支线公路，一般只有一车道

二、汽车站场

汽车站场是道路交通运输的基础设施之一，在国家经济建设中具有重要地位。根据运输对象不同，汽车站场分为客运站和货运站两种基本类型，下面主要介绍货运站。

货运站是道路运输的节点，是连接运力和货源的纽带，其主要功能是运输组织、中转和装卸储运、中介代理、通信信息和辅助服务，其目标是促进公路运输向组织化、综合化、现代化方向发展。

1. 整车货运站

整车货运站是指以货运商务作业机构为代表的汽车货运站，是调查并组织货源，办理货运商务作业的场所。货运商务作业包括托运、承运、受理业务、结算运费等工作。整车货运站主要经办大批货物运输，有的货运站也兼营小批货物运输。

2. 零担货运站

零担货运站是专门经营零担货物运输的汽车站，简称零担站。零担货物要求单件质量不超过 200 kg，单件体积不超过 1.5 m^3，货物长度不超过 3.5 m，宽度不超过 1.5 m，高度不超过 1.3 m。

3. 集装箱货运站

集装箱货运站主要承担集装箱的中转运输任务，所以又称集装箱中转站。其主要功能包括：港口、火车站和货主之间的集装箱“门到门”运输和中转运输；集装箱适箱货物的拆箱、装箱、仓储和接取、送达；空、重集装箱的装卸、堆放和集装箱的检查、清洗、消毒、维修；车辆、设备的检查、清洗、维修和存放；为货主代办报关、报检等货运代理业务。

三、运输车辆

物流中常用的运输车辆主要有载货车、牵引车、汽车列车、特种车四种车型。

1. 载货车

载货车是指主要用于运输货物，也可牵引挂车的汽车，如图 2—1 所示。载货车按最大总质量不同，可分为微型载货车、轻型载货车、中型载货车和重型载货车。

图 2—1　载货车

(1) 微型载货车

微型载货车是指至少有四个车轮，用于载货的机动车辆，其总质量小于 1.8 t。

(2) 轻型载货车

轻型载货车是指总质量为 1.8～6 t 的用于载货的机动车辆。

(3) 中型载货车

中型载货车是指总质量为 6～14 t 的用于载货的机动车辆。

(4) 重型载货车

重型载货车是指总质量超过 14 t 的用于载货的机动车辆。

2. 牵引车

牵引车是指专门或主要用于牵引挂车的汽车，可分为全挂牵引车和半挂牵引车。

全挂牵引车采用牵引杆来牵引挂车，牵引车只提供向前的拉力，拖着挂车走，但不承受挂车向下的重力，一般都装有辅助货台，可作普通货车使用，如图 2—2 所示。半挂牵引车专门用于牵引半挂车，牵引车后面的车桥承受挂车的一部分重力，通常装有牵引座，如图 2—3 所示。

3. 汽车列车

汽车列车是指一辆汽车（包括牵引车、普通汽车等）与一辆或一辆以上挂车的组合，如图 2—4 所示。

图 2—2 全挂牵引车

图 2—3 半挂牵引车

图 2—4 汽车列车

4. 特种车

特种车可分为特种轿车（如检阅车、指挥车）、特种客车（如救护车、监察车）、特种货车（如罐车、自卸车、冷藏车）和特种用途车（如建筑工程车、农用汽车等）。这里主要介绍物流中常用的罐车、自卸车、冷藏车三种车型。

（1）罐车

罐车是指配置罐状容器，并且通常带有工作泵，用于运输液体、气体或粉状物质，以及完成特定作业任务的专用汽车。罐车封闭性比较强，适用于运送易挥发品、易燃品和危险品，如图 2—5 所示。

图 2—5　罐车

（2）自卸车

自卸车是指通过液压或机械举升而自行卸载货物的车辆，又称翻斗车，由汽车底盘、液压举升机构、货厢和取力装置等部件组成，如图 2—6 所示。

图 2—6　自卸车

(3) 冷藏车

冷藏车是指装有冷冻或保温设备的厢式货车，通过制冷装置为货物提供最适宜的温度和湿度条件，用来满足对温、湿度有特殊要求的货物的运输需要，如图 2—7 所示。

图 2—7 冷藏车

第二节 铁路运输设施设备

铁路运输是一种大运量、现代化的陆上运输方式，是指利用机车、车辆等技术设备沿铺设轨道运行，以运送旅客和货物的一种运输方式。

一、铁路线路概述

铁路线路是列车运行的基础，它直接承受机车车轮传来的压力。为了保证列车能按规定的最高速度安全、平稳和不间断地运行，使铁路运输部门能够良好地完成客货运输任务，铁路线路必须经常保持完好状态。

铁路线路是由路基、桥隧建筑物和轨道组成的一个整体工程结构，如图 2—8 所示。

图 2—8　铁路线路

1. 路基

路基是承受轨道和列车载荷的基础建筑物。按地形条件及线路平面和纵断面的设计要求不同，路基横断面有路堤、路堑和半路堑三种形式。

2. 桥隧建筑物

铁路通过江河、溪沟、谷地和山岭等天然障碍物或跨越公路、其他铁路线时需要修筑各种桥隧建筑物。桥隧建筑物包括桥梁、涵洞、隧道等。

3. 轨道

轨道由钢轨、轨枕、连接零件、道床、防爬设备、道岔等组成。

二、铁路线路等级

铁路线路等级是铁路设计的基本标准。我国《铁路线路设计规范》（TB 10098—2017）规定，铁路等级应根据其在铁路网中的作用、性质、设计速度和客货运量确定。我国的铁路线路一般分为四大等级，分别为Ⅰ级铁路、Ⅱ级铁路、Ⅲ级铁路和Ⅳ级铁路，见表 2—3。

Ⅰ级铁路是指在铁路网中起骨干作用的铁路，或近期年客货运量大于或等于 20 Mt 者。

Ⅱ级铁路是指在铁路网中起联络、辅助作用的铁路，或近期年客货运量小于 20 Mt 且大于或等于 10 Mt 者。

Ⅲ级铁路是指为某一地区或企业服务的铁路，近期年客货运量小于 10 Mt 且大于或等于 5 Mt 者。

Ⅳ级铁路是指为某一地区或企业服务的铁路，近期年客货运量小于 5 Mt 者。

表 2—3　　铁路线路等级

等　级	在铁路网中的意义	远期年客货运量
Ⅰ级铁路	在铁路网中起骨干作用	≥20 Mt
Ⅱ级铁路	在铁路网中起联络、辅助作用	<20 Mt 且≥10 Mt
Ⅲ级铁路	为某一区域服务，具有地区运输性质	<10 Mt 且≥5 Mt
Ⅳ级铁路	为某一地区或企业服务	<5 Mt

注：1. 近期指交付运营后第 10 年。

2. 年客货运量为重车方向的货运量与由客车对数折算的货运量之和。每天 1 对旅客列车按 1.0 Mt 年货运量折算。

三、铁路机车与车辆

1. 铁路机车

（1）铁路机车的概念

铁路机车是铁路运输的基本动力源。由于铁路车辆大都不具备动力装置，列车的运行和车辆在车站内有目的的移动均需由铁路机车牵引或推送。

（2）铁路机车的分类

按其原动力不同，铁路机车可以分为蒸汽机车、内燃机车和电力机车。本书主要介绍内燃机车和电力机车。

1）内燃机车。内燃机车是以内燃机作为动力源的一种机车。内燃机车的热效率可达到 30%左右，是各类铁路机车中效率较高的一种，如图 2—9 所示。

内燃机车的主要特点是热效率高、线路投资少、整备时间短、启动快、加速快、通行能力大、单位重量轻。

内燃机车的整备时间短，持续工作时间长，适用于长交路；用水量少，适用于缺水地区；初期投资比电力机车少；而且机车乘务员劳动条件好，便于多机牵引。内燃机车最大的缺点是对环境有污染。

2）电力机车。电力机车靠其顶部升起的受电弓从接触网上取得电能，并转换成机械能牵引列车运行，如图 2—10 所示。

图 2—9　内燃机车

图 2—10　电力机车

电力机车的主要特点是可制成大功率机车、运输能力大、爬坡性能好、不污染空气、劳动条件好、利于环保、运营费用低、能量不受限制、行驶速度高、启动加速快、可利用多种能源。并且，电力机车出车前的准备时间短，不像内燃机车需要加油。无论是在缺水的沙漠地带，还是在冰天雪地的寒冷地区，只要有电力供应，电力机车就能牵引列车昼夜行驶，特别适用于坡度大、隧道多的山区铁路和繁忙干线。

2. 铁路车辆

(1) 铁路车辆的概念

铁路车辆是铁路运输中用来装运货物、运送旅客或作其他特种用途的运载工具。

铁路车辆一般本身没有动力装置，只有连挂起来在铁路机车的牵引下，才能在铁路线路上运行。

(2) 铁路车辆的分类

铁路车辆按其用途不同，可分为客运车辆、货运车辆和特种运输车辆。

1) 客运车辆。凡供运送旅客和为旅客服务的车辆或原则上编组在旅客列车中使用的车辆均称为客运车辆。

按照用途不同，常用的客运车辆有硬座车（YZ)、软座车（RZ)、硬卧车（YW)、软卧车（RW)、餐车（CA)、行李车（XL）和邮政车（UZ）等。

2) 货运车辆。货运车辆分为通用货车和专用货车两种。

通用货车是指通用性质较强的车辆，对大多数货物都有运载能力，应用的领域比较广泛，也是比较常见的铁路车辆类型，例如棚车、平车和敞车，见表 2—4。

表 2—4　　通用货车

类型	图示	说明
棚车		型号 P，车体具有顶棚、车墙及车窗，可防止雨水进入车内，用于装载贵重器材及怕日晒和防潮湿的货物。有的棚车内还设有烟囱、床托等装置，必要时可运送人员和马匹
平车		型号 N，是指不带端壁、侧壁的货车，主要用于运送钢材、木材、汽车、拖拉机、机器、桥梁构件和沙石等货物。大部分平车的车体只有地板，为了提高平车的使用效率，减少返空，少数平车还有高度不超过 0.5 m 的活动板墙，以便运送矿石等散装颗粒货物
敞车		型号 C，具有端壁、侧壁、底板，无车顶，是向上敞开的货车，主要供运送煤炭、矿石、矿建物资、木材、钢材等大宗货物用，也可用来运送质量不大的机械设备和不怕湿的散装货物 若在所装运的货物上蒙盖防水帆布或其他遮篷物后，敞车可代替棚车承运怕雨淋的货物。因此，敞车具有很大的通用性，在通用货车组成中数量最多，目前占通用货车总数的 50%以上

专用货车主要是指专供装运某些种类货物的车辆，具有专项性的特征。常用的专用货车有罐车、保温车、家畜车、长大货物车和集装箱车等，见表 2—5。

表 2—5　　　　专用货车

类型	图示	说明
罐车		型号 G，罐车车体为一卧式圆筒，装有安全调压装置，专用于装运液体、液化气体和压缩气体等货物，也有少数罐车用于装运粉状货物
保温车		型号 B，可调温、保温、冷冻运输，具有制冷、保温和加温三种性能。保温车车体外表涂成银灰色，以利于阳光反射，减少辐射热。我国自制的保温车有冰箱保温车和机械保温车两大类 保温车主要用于运送鲜鱼、肉类、蔬菜、水果等新鲜易腐货物
家畜车		型号 J，专门用于装运活家禽和牲畜
长大货物车		型号 D，供运送长大货物用，一般载重量为 90 t 以上，长度 19 m 以上，无墙板，车底板为一平板，有的车中部凹下或设有落下孔，便于装载高大货物，充分利用限高
集装箱车		型号 X，是指用以运载可卸下的集装箱的专用运输车辆。集装箱车只具有车底架，但比平车底架强度大

3）特种运输车辆。特种运输车辆是指具有特别用途或特殊结构的铁路车辆。这些车辆不经常使用，只有在需要时才编挂在旅客列车中或编挂为专列。常用的特种运输车辆有检衡车（T6）、发电车（T10）、除雪车（T1）、救援车（T3）和守车（S）等。

第三节　水路运输设施设备

水路运输是以船舶为主要运输工具，以港口或港站为运输基地，以水域（包括海洋、河流和湖泊）为运输活动范围的一种运输方式。水路运输至今仍是世界上许多国家最重要的运输方式之一，其涉及的运输设施设备主要包括下述内容。

一、港口

港口是水路运输网络中的枢纽，是旅客和货物的集散地，是船舶与其他运输工具的衔接点。它可提供船舶靠泊，旅客上下船，货物装卸、储存、驳运和其他相关业务，并具有明确的水域和陆域范围，如图 2—11 所示。

图 2—11　港口

1. 港口有关概念

（1）港界

港界是指港口范围的边界线，可根据地理环境、航道情况、港口设备和港内工矿企业的需要等进行规定。一般利用海岛、山角、河岸突出部分，或岸上显著建筑物，或者设置灯标、灯桩、浮筒等作为规定港界的标志，也有按经纬度划分的。

（2）港区

港区是指港界范围以内由港务部门管理的区域（包括陆域和水域）。

（3）港口作业区

根据港口具体情况和吞吐量的大小，为充分发挥港口设备能力，便于装卸管理，可将港区划分为若干个作业区，称为港口作业区。

（4）码头

码头是指供船舶停靠、装卸货物和上下旅客的水工建筑物，是港口的主要组成部分。

按平面布置不同，码头可分为顺岸式、突堤式、墩式等。墩式码头又分为与岸用引桥连接的孤立墩和用连桥连接的连续墩；突堤式码头又分窄突堤（突堤是一个整体结构）和宽突堤（两侧为码头结构，当中用填土构成码头地面）。

（5）泊位

泊位是指供一艘船靠泊的具有一定长度的码头区域。

（6）港口腹地

港口腹地是指港口吞吐货物和旅客集散所及的地区范围，其具体范围一般通过调查分析确定。港口腹地内的货物经由该港进出在运输上是比较经济合理的。

港口腹地分为直接腹地和中转腹地。通过各种运输工具可以直达的地区范围称为直接腹地，经过港口中转的货物和旅客所到达的地区范围称为中转腹地。

2. 港口的分类

（1）按用途分类

港口按用途不同，可分为商港、渔港、工业港、避风港和军港，见表2—6。

表2—6　港口按用途分类

类型	具体说明
商港	商港主要是指供旅客上下和货物装卸转运的港口，又可分为一般商港和专业商港。一般商港即用于旅客运输和装卸转运各种货物的港口，如上海港、天津港等；专业商港是指专门进行某一种货物的装卸，或以装卸某种货物为主的商港，如秦皇岛港以煤炭和石油装卸为主等
渔港	渔港是指专为渔船服务的港口。渔船在这里停靠，并卸下捕获物，同时进行淡水、冰块、燃料及其他物资的补给

续表

类型	具体说明
工业港	工业港是指固定为某一工业企业服务的港口，它专门负责该企业原料、产品及所需物资的装卸转运工作
避风港	避风港是指具有良好的天然地势，为船只躲避台风等灾害而设置的港口
军港	军港是指用于舰艇等军用船舶停靠的港口

（2）按地理位置分类

港口按地理位置不同，可分为海港、河港、湖港和水库港，见表2—7。

表2—7 港口按地理位置分类

类型	具体说明
海港	海港是指在自然地理条件和水文气象方面具有海洋性质，而且为海船服务的港口。它又可细分为海湾港、海峡港和河口港
河港	河港是指建设在具有河流水文特征的水体沿岸的港口（主要设置在河流沿岸），它是实施货物装卸储存、旅客往来的工程设施，是内河运输的集散地，也是水陆联运的枢纽，多以内贸为主
湖港	湖港是指位于湖泊沿岸或江河入湖口处的港口
水库港	水库港是指位于水库岸壁的港口

（3）按货物进口是否需要报关分类

港口按货物进口是否需要报关，可分为报关港和自由港两大类，见表2—8。

表2—8 港口按货物进口是否需要报关分类

类型	具体说明
报关港	要求进口的外国货物需向海关办理报关手续
自由港	来港装卸货物和货物在港内储存与加工不需经过海关，也不缴税。汉堡港、香港港和新加坡港均属于自由港

3. 世界主要港口

（1）荷兰的鹿特丹港

鹿特丹是荷兰第二大城市，鹿特丹港是欧洲第一大港口，位于欧洲莱茵河与马斯河汇合处，如图2—12所示。

（2）美国的纽约港

纽约港是美国最大的海港，也是世界最大海港之一，位于美国东北部，东临大西洋，如图2—13所示。

图 2—12　鹿特丹港

图 2—13　纽约港

(3) 日本的神户港

神户港位于日本本州南部兵库县芦屋川河口西岸，濒临大阪湾西北侧，是日本最大的集装箱港口，也是世界十大集装箱港口之一。自古以来神户就是日本的重要

交通枢纽。

(4) 法国的马赛港

马赛港位于法国东南沿海利翁湾东北岸，濒临地中海的西北侧，包括福斯及布克等港区，原属于普罗旺斯省。它是法国最大的商业港口，也是地中海最大的商业港口。

(5) 比利时的安特卫普港

安特卫普港是比利时最大的海港，也是欧洲第三大港，地处斯海尔德河下游，距河口68～89 km，排名在鹿特丹港和马赛港之后。

(6) 英国的伦敦港

伦敦港是英国最大的海港。伦敦港区主要在市中心以东 40 km 的蒂尔伯里和泰晤士河下游。伦敦港的集装箱泊位是欧洲最现代化的集装箱码头，可以停靠第三代集装箱船。

(7) 我国的主要港口

我国的主要港口有上海港、大连港、秦皇岛港、天津港、青岛港、黄埔港、湛江港、连云港港、烟台港、南通港、宁波舟山港、温州港、北海港和海口港等。表 2—9 是全国港口国际标准集装箱吞吐量。

表 2—9　　全国港口国际标准集装箱吞吐量（2018 年 7 月数据）

港口	2018 年 7 月（万 TEU）	2018 年 1—7 月（万 TEU）
上海港	355.00	2 405.73
宁波舟山港	215.2	1 543.63
深圳港	227.7	1 435.22
广州港	189.2	1 236.22
青岛港	164.9	1 103.05
天津港	144.0	924.76
厦门港	94.4	610.97
大连港	89.2	571.06
营口港	55.3	367.34
苏州港	53.8	361.79

二、航道

1. 航道的概念

航道是供船舶航行的水道。

2. 航道通航标准

航道通航标准即航道尺度，是航道建设的主要标准，包括航道深度、宽度、弯曲半径、断面系数，以及水上净空和船闸尺度等。它应满足船舶航行安全方便和建设、运行经济的要求。航道尺度与船型的选定相互影响，与水域的条件（天然航道或人工航道，山区航道、平原航道或河口航道，库区航道或湖区航道等）和货运量大小有关。货运量大，需要的航道尺度就要相应增大，应进行运输成本、航道工程基建投资和维护费用等方面的综合比较。一般应根据国家制定的通航标准选取航道尺度，以便使各地区、各水系航道畅通和实现直达运输。为了协调船舶、航道、船闸和跨河建筑物的主要尺度，实现内河通航标准化，促进航道网建设，各国都制定了相应的标准。我国航道分类见表 2—10。

表 2—10　　我国航道分类

航道分类	具体说明	航道分类	具体说明
一级航道	可通航 3 000 t	五级航道	可通航 300 t
二级航道	可通航 2 000 t	六级航道	可通航 100 t
三级航道	可通航 1 000 t	七级航道	可通航 50 t
四级航道	可通航 500 t	等外级航道	可通航 50 t 以下

三、航标

1. 航标的概念

航标即助航标志，是用以帮助船舶定位、引导船舶航行、表示警告和指示碍航物的人工标志。为了保证进出口船舶的航行安全，每个港口、航线附近的海岸均有各种助航设施。永久性航标的位置、特征、灯质、信号等已载入各国出版的航标表和海图。

2. 航标的主要功能

（1）航标可以为航行船舶提供定位信息。

（2）航标可以为航行船舶提供碍航物及其他航行警告信息。

（3）航标可以根据交通规则指示航行方向。

（4）航标可以指示特殊区域，如锚地、测量作业区、禁区等。

四、船舶

1. 船舶的概念

船舶是水路运输的主要运载工具，是指能航行或停泊于水域进行运输或作业的工具。

2. 船舶的种类

船舶按用途不同，主要分为客船和货船。

(1) 客船

客船是专门用于载运旅客及行李和邮件的运输船舶。客船分为海洋客船、旅游船、内河客船、车客渡船和小型高速客船等。

(2) 货船

货船是专门运输各种货物的船舶。货船根据所运货物不同，可分为杂货船、干散货船、冷藏船、木材船、油轮、滚装船、液化气运输船、载驳船和集装箱船。

1) 杂货船。杂货船又称普通货船、通用干货船或统货船，主要用于装载一般包装、带装、箱装和桶装的杂件货物，如图 2—14 所示。典型的杂货船载货量为 10 000～20 000 t。

新型的杂货船一般为多用途型，既能运载普通杂件货，也能运载散货、大件货、冷藏货和集装箱。

图 2—14 杂货船

2）干散货船。干散货船又称为散装货船，是用以装载无包装的大宗货物的船舶，如图 2—15 所示。因为干散货船的货种单一，不需要进行成捆、成包、成箱的包装装载运输，且货物本身不怕挤压，便于装卸，所以都是单甲板船。干散货船一般不装起货设备，舱内不设支柱，但设有隔板，用以防止在风浪中运行时舱内货物错位。

图 2—15　干散货船

3）冷藏船。冷藏船是指专门用于装载并运输冷冻易腐鱼、肉、果蔬等食品的船舶。冷藏船的货舱是一个大冷藏库，四周隔热，设置制冷装置，严格控制舱内的温度、湿度、二氧化碳含量等参数，可以使食品保持在低温高湿的环境条件及适宜的气体中，以有效抑制微生物的生命活动和植物性食品的呼吸作用，从而延缓食品的腐败变质。

4）木材船。木材船是指专门用于装载木材或原木的船舶。这种船舱口大，舱内无梁柱及其他妨碍装卸的设备，船舱及甲板上均可装载木材。为防止甲板上的木材被海浪冲出舷外，木材船的船舷两侧一般设置高度不低于 1 m 的舷墙，如图 2—16 所示。

5）油轮。油轮是指专门运载石油类液体货物的船舶。

6）滚装船。滚装船又称“开上开下”船，或称“滚上滚下”船，它是利用运货车辆来载运货物的专用船舶，用牵引车牵引载有箱货或其他件货的半挂车或轮式托盘直接进出货舱装卸。

7）液化气运输船。液化气运输船是指专门运输液化气体的船舶，一般在船侧或船的首尾有开口斜坡连接码头，汽车或集装箱（装在拖车上）直接开进或开出船舱。

液化气运输船装卸速度快，可加速船舶周转速度，不依赖码头上的装卸设备。

8）载驳船。载驳船是指载运货驳的运输船舶，又称子母船。

图 2—16 木材船

载驳船不需码头和堆场，装卸效率高，停泊时间短，便于河海联运。载驳船造价高，需配备多套驳船以便周转，需要泊稳条件好的宽敞水域作业，适于货源比较稳定的河海联运航线。

9）集装箱船。集装箱船是用来专门装运规格统一的标准货箱的船舶，如图 2—17 所示。集装箱船按装载情况不同，可分为全集装箱船、半集装箱船和兼用集装箱船。

图 2—17 集装箱船

第四节　航空运输设施设备

如图 2—18 所示为飞机，是航空运输中常用的交通工具，飞机在运输作业过程中发挥着非常重要的作用，航空运输设施设备主要包括航空港、航路、航线、航班和航空器等。

图 2—18　飞机

一、航空港

1. 航空港的概念

航空港是指航空运输的经停点，是供飞机起飞、降落、停放和组织、保障飞行的场所，包括飞行区、客货运输服务区和机务维修区。

2. 航空港的分类

航空港按其所处位置不同，可分为干线航空港和支线航空港；按业务范围不同，可分为国际航空港和国内航空港，设立国际航空港要经政府核准。

3. 航空港的设施

（1）跑道

跑道的作用是供飞机起降。跑道体系由结构道面、道肩、防吹坪和跑道安全地带

组成。结构道面在结构荷载、运转、控制、稳定性等方面支撑飞机；道肩抵御喷气气流的吹蚀，并承载维护和应急设备；防吹坪防止紧邻跑道端的表面地区受各种喷气气流吹蚀；跑道安全地带支撑应急和维护设备以及可能发生转向滑出的飞机。

(2) 滑行道

滑行道是指跑道和停机坪之间的通道。

(3) 停机坪

停机坪是供飞机停留的场所。停机坪包括站坪、维修机坪、隔离机坪、等候机位机坪、等候起飞机坪等。停机坪上设有机位，即供飞机停放的划定位置。停机坪一般设置于邻近跑道的端部。

航站楼空侧所设停机坪称为站坪，可供飞机滑行、停驻机位和旅客上下等。

(4) 机场交通

机场交通包括场内交通和出入机场交通。场内交通包括公用通道、货运通道和供特种车辆出入的服务设施。

(5) 指挥塔或管制塔

指挥塔或管制塔是供航空器进出航空港的指挥中心，其位置应有利于指挥与航空管制，维护飞行安全。

(6) 助航系统

助航系统是指通过通信、气象、雷达、电子和目视助航设备来辅助安全飞行的设施。

(7) 输油系统

输油系统主要用于为航空器补充油料，需要有配套的输油设备。

(8) 维护修理基地

维护修理基地是对航空器进行例行检查、维护、保养、修理的地方。

(9) 货运设施

货运量大的机场应将处理货物运输的系统与旅客运输系统分开。机型大型化后导致客货混合作业时间延长，规划机坪门位系统时应考虑货物处理问题。

航空货物包括空运货物和航空邮件。空运货物在飞机与航站楼之间由航空公司或货运商运送，需要机场提供运货卡车专门道路；航空邮件通常是用车辆直接运送至机场邮件中心。

(10) 其他设施

机场的其他设施还包括供油设施、应急救援设施、动力与电信系统、环保设施、旅客服务设施、保安设施、货运区及航空公司区等。

二、航路

航路是指由国家统一划定的具有一定宽度的空中通道，有较完善的通信、导航设备，其宽度通常为 20 km。划定航路的目的是维护空中交通秩序，提高空间利用率，保证飞行安全。

三、航线

航空器必须按照规定的线路从事运输飞行，这种线路称为航空交通线，简称航线。航线确定了飞行具体方向、起讫点和经停点。根据空中交通管制的需要，航线有确定的宽度和高度，以维护空中交通秩序，保证飞机安全。航线可分为国内航线和国际航线。

四、航班

飞机由始发站起飞，按规定的航线经过经停站至终点站做经常性运输飞行，航班用来描述在某个确定日期执行某个定期航行计划的一次航行。

五、航空器

根据产生向上力的基本原理不同，航空器可分为轻于空气的航空器（如气球、飞艇等）和重于空气的航空器（如各种飞机等)。飞机是最重要的航空器。

1. 飞机的组成部分

飞机由机体、推进装置、飞机系统和机载设备组成（见表 2—11、图 2—19)。

2. 航空运输的特点

(1) 航空运输的优点

1) 速度快。目前喷气式客机的时速为 900 km 左右，机动性高。飞机飞行不受高山、河流、沙漠、海洋的阻隔，而且可根据客货源数量随时增加班次。

2) 安全舒适。航空运输是比火车更为安全的交通运输方式。喷气式客机的巡航高度一般为 10 km 左右，飞行不受低空气流的影响，平稳舒适。现代民航客机的客舱宽敞，噪声小，机内有供膳、视听等设施，旅客乘坐的舒适程度较高。

表 2—11　　飞机的组成

结构组成	具 体 说 明
机体	机体由机身、机翼、尾翼、起落架等部件组成
推进装置	推进装置即发动机
飞机系统	飞机系统指飞机操纵系统、液压传动系统、燃油系统、空调系统和防冰系统等
机载设备	机载设备是指为驾驶员提供飞机及系统工作情况的设备

图 2—19　飞机的结构

(2) 航空运输的缺点

1) 飞机机舱容积和载重量都比较小。航空运输的运载成本和运价比地面运输高，在物流中占的比重小。

2) 航空运输速度快的优点在短途运输中难以充分发挥。航空运输比较适宜 500 km 以上的长途客运，以及鲜活易腐货物和高价值货物的中长途运输。航空货运多为具有较高经济附加值的产品，因而从量上衡量，航空货运在全社会货运量中占比重较小。

3) 航空运输受天气的影响比较大。由于飞行受一定的气候条件限制，可能会影响其运行的准确性。

3. 飞机的分类

(1) 按用途分类

按用途不同，飞机可分为军用飞机和民用飞机两大类。

军用飞机是用于军事用途的飞机，主要包括歼击机（战斗机）、截击机、歼击轰炸机、强击机（攻击机）、轰炸机、反潜机、侦察机、预警机、电子干扰机、军用运输机、空中加油机和舰载机等。

民用飞机则泛指一切非军事用途的飞机，包括旅客机、货机、客货两用机、教练机、公务机、农业机、林业机、体育运动机、救护机和多用途轻型机等。其中，旅客机、货机和客货两用机又统称为民用运输机。

1) 旅客机。旅客机用于运载旅客和邮件，联系国内、国际各城市与地区的交通。旅客机可按大小和航程进一步分为洲际航线上使用的远程（大型）旅客机（航程 8 000 km以上）和国内干线上使用的中程（中型）旅客机（航程 3 000～5 000 km）。

2) 货机。货机用于运送货物，一般载重量较大，有较大的舱门，或机身可转折，便于装卸货物。货机修理维护简易，可在复杂气候条件下飞行。

3) 教练机。教练机用于训练民航飞行人员，一般可分为初级教练机和高级教练机。

4) 农业机、林业机。农业机、林业机用于农业喷药、施肥、播种和森林巡逻、灭火等，大部分属于轻型飞机。

5) 体育运动机。体育运动机用于发展体育运动，如跳伞运动等，可作机动飞行。

6) 多用途轻型机。这类飞机种类与用途繁多，如用于地质勘探、航空摄影、空中游览、紧急救护、短途运输等。

(2) 按飞机发动机类型分类

按发动机类型不同，飞机可分为螺旋桨飞机和喷气式飞机。

1) 螺旋桨飞机。螺旋桨飞机包括活塞螺旋桨式飞机和涡轮螺旋桨式飞机。活塞螺旋桨式飞机的引擎为活塞螺旋桨，这是最原始的动力形式。它利用螺旋桨的转动将空气向机后推动，借其反作用力推动飞机前进。螺旋桨转速越高，则飞行速度越快。

2) 喷气式飞机。喷气式飞机包括涡轮喷气式飞机和涡轮风扇喷气式飞机。这种机型的优点是结构简单，速度快（一般时速可达 900 km）；燃料费用节省，装载量大（一般可载客百余人甚至数百人，或货物 100 t）。

(3) 按发动机数量分类

按发动机数量不同，飞机可分为单发动机飞机、双发动机飞机、三发动机飞机和四发动机飞机。

(4) 按航程远近分类

按航程远近不同，飞机可分为远程飞机、中程飞机和近程飞机。中程飞机、远程飞机一般用于国内干线和国际航线，又称干线飞机。

1) 远程飞机。远程飞机的航程为 8 000 km 以上，可以完成中途不着陆的洲际跨洋飞行，一般用于国际航线。

2) 中程飞机。中程飞机的航程为 3 000～5 000 km，一般用于国内干线。

3) 近程飞机。近程飞机的航程为 1 000 km 左右，一般用于支线，因此又称为支线飞机。

六、航空运输集装设备

航空运输中，为提高运输效率，常采用集装板和集装箱等集装设备。由于航空运输的特殊性，飞机甲板和货舱都设置配套的固定系统，集装设备的外形要符合飞机甲板和货舱的堆装要求。

以集装箱为例，航空集装箱在当今世界航空运输领域的应用已十分广泛。航空集装箱基本尺寸是根据美国国家飞行器标准来确定的，且自身重量非常轻，可实现装载量最大化。航空集装箱的制造材料必须经过燃烧实验确认合格，一般要使用专用的铝材或复合材料，在强度、硬度、抗燃烧和塑性变形方面都有严格的规定。

常用集装设备的代码及规格见表 2—12。

表 2—12 常用集装设备的代码及规格

	ATA类型	IATA代码	底板尺寸(mm×mm)	高度(mm)	容积(m^3)	自重(kg)	最大毛重(kg)	适用机型
集装板	/	P1P	2 235×3 175	/	/	120～126	6 804	通用
	/	P6P PMC	2 438×3 175	/	/	131～135	6 804	通用
	/	PLA PLB	1 534×3 175	/	/	80～97	3 174	767 禁用
	/	P7E PG	2 438×6 058	/	/	540～665	13 608	747combi 747 F
	/	FQA	1 534×2 438	/	/	100	2 449	767 专用
	/	FQW	1 534×2 438	/	/	118	2 449	767 专用
	/	PMW	2 438×3 175	/	/	175	6 804	767 禁用

续表

	ATA类型	IATA代码	底板尺寸（mm×mm）	高度（mm）	容积（m^3）	自重（kg）	最大毛重（kg）	适用机型
集装箱	LD-3	AVE AKE	1 534×1 562	1 630	4.3	91～135	1 588	通用
	LD-3	RKN	1 534×1 562	1 630	3.6	235	1 588	通用
	LD-2	DPE	1 194×1 534	1 630	3.4	90～105	1 250	767 专用
	LD-6	DQF	2 438×1 534	1 630	7.2	135	2 449	767 专用
	LD-8	ALF	3 175×1 534	1 630	8.9	159	3 175	767 禁用

航空集装箱（见图 2—20）一般都设计成多面体，有对称六面体和八面体，也有大量使用的不对称七面体。

图 2—20　航空集装箱

1. 集装设备的识别代码

例：AKE 3166 MU

A ——集装设备种类代码；

K ——集装设备底板尺寸代码；

E ——标准外形和适配代码；

3166 ——集装设备识别编号；

MU ——集装设备所属承运人（见表 2—13）。

表 2—13　　国内主要航空公司及其代码

IATA 代码	中文名	英文名
CA	中国国际航空股份有限公司	Air China
MU	中国东方航空股份有限公司	China Eastern Airlines
CZ	中国南方航空股份有限公司	China Southern Airlines
MF	厦门航空有限公司	Xiamen Airlines
3U	四川航空股份有限公司	Sichuan Airlines
FM	上海航空股份有限公司	Shanghai Airlines
HU	海南航空股份有限公司	Hainan Airlines
ZH	深圳航空有限责任公司	Shenzhen Airlines
SC	山东航空股份有限公司	Shandong Airlines

2. 集装设备的种类

A ——适航审定的集装箱；

D ——非适航审定的集装箱；

P ——适航审定的集装板；

R ——适航审定的保温集装箱；

F ——非适航审定的集装板。

第五节　管道运输设施设备

如图 2—21 所示，管道运输在各主要工业国均已成为独立的运输方式，形成了庞大的工业体系，与铁路运输、公路运输、水路运输和航空运输并列为五大现代运输方式。管道运输是利用管道，通过一定的压力差而完成物品（多为液体或气体货物）运输的一种运输方式。

管道运输设施设备包括管道线路设备、管道站库设施和管道附属设施。管道线路设备即输油（气、固体浆料）管线，包括钢管、管道防腐保护设施、管道水工防护构筑物和截断阀等设施。管道站库设施包括输油站及输油站所设一系列复杂的构筑物（泵房、油池和阀房）。管道附属设施包括通信线路、供电线路和便于检修等工作的道路等设施。

管道运输主要有输油管道运输、输气管道运输和固体料浆管道运输等形式。

图 2—21　管道运输

一、输油管道运输

长距离输油管道由输油站和管线两大部分组成。

输送轻质油或低凝点原油的管道不需加热，油品经一定距离的运输后，管内油温等于管线埋深处的地温，这种管道称为等温输油管，它无须考虑管内油流与周围介质的热交换。

易凝、高黏度油品不能采用等温输油管输送，因为当油品黏度极高或其凝固点远高于管路周围环境温度时，每千米管道的压降将高达几个甚至几十个大气压。这种情况下，加热输送是最有效的办法。因此，热油输送管道不仅要考虑摩阻的损失，还要考虑散热损失，输送工艺更为复杂。

例如，中哈原油管道是中国第一条战略级跨国原油进口管道，总体规划年运输能力为 2 000 万吨，全长近 300 km，至今已投入使用 10 余年，累计向中国输送原油 1 亿余吨。其中阿特劳—阿拉山口管段全长 988 km，西起哈萨克斯坦中部的阿塔苏，抵达中国境内的新疆阿拉山口口岸，再延伸到新疆独山子，从阿拉山口口岸到独山子的中国境内距离约 260 km。

二、输气管道运输

我国是世界上最早使用管道输送天然气的国家之一。第一条具有现代意义的管道是 1963 年建成的管径 426 mm、长度 55 km 的巴渝线。

输气管道系统主要由矿场集气管网、干线输气管道(网)、城市配气管网，以及与此相关的站、场等设施设备组成。

以“西气东输”工程为例，我国西部地区天然气向东部地区输送，主要是新疆塔里木盆地的天然气输往长江三角洲地区。输气管道西起新疆塔里木的轮南油田，经过戈壁沙漠、黄土高原、太行山脉，穿越黄河、淮河、长江，途经新疆、甘肃、宁夏、陕西、山西、河南、安徽、江苏，向东最终到达上海，延至杭州，全长 4 000 km，设计年输气能力 120 亿立方米，最终输气能力 200 亿立方米。

三、固体料浆管道运输

用管道输送各种固体物质的基本方法是将待输送固体物质破碎为粉粒状，再与适量的液体配制成可泵送的浆液，通过管道输送这些浆液到目的地后，再将固体与液体分离送给用户。目前固体料浆管道主要用于输送煤、铁矿石、磷矿石、铜矿石、铝矾土和石灰石等矿物，配制浆液的主要液体是水，还有少数采用燃料油或甲醇等液体作载体。

思考练习题

1. 如何对公路进行分类?
2. 物流中常用的运输车辆有哪几种?
3. 铁路货运车辆有哪些种类?
4. 港口可分为哪些类型?
5. 货船可分为哪些类型?

第三章　包装设施设备

第一节　包装及包装材料

一、包装的类型

现代包装门类繁多、品种复杂。为了适应物品性质的差异和不同装载工具的不同要求，包装在设计、选料、技法、形态等方面日趋多样化。如图 3—1、图 3—2 所示为常见的包装材料。

图 3—1　纸制包装

图 3—2　木制包装

1. 按作用分类

按货物包装在流通中的作用不同，包装可分为销售包装和运输包装两大类，这是普通的分类方法。

（1）销售包装

销售包装又称为商业包装，其主要目的是促进商品销售。这种包装的特点是外形

美观，有必要的装潢，包装单位适合顾客购买量和商店设施的要求，如图 3—3 所示。

销售包装的主要作用是促进商品的销售，一般与内装商品一起到达消费者手中。因此，销售包装的结构、形态、文字、图案、色彩等结构造型设计和装潢设计除了具有保护商品、方便流通等基本作用外，还具有美化商品、宣传商品、促进销售的作用。销售包装包括内包装和中包装。内包装是直接保护商品的包装，一般是商品最小销售单位的包装形式，它连同商品一起到达消费者手中，例如火柴盒、香皂包装纸等。中包装是将一个或多个内包装再予包装，有利于进一步保护商品品质和方便流通环节中的清点、检验及零售部门进货等工作，例如，牙膏每 10 支装 1 纸盒，火柴每 10 盒为 1 包等。

(2) 运输包装

运输包装又称为工业包装，是货物运输、保管等物流环节所要求的必要包装，如图 3—4 所示。运输包装以强化运输、保护商品、便于储运为主要作用。对于生产资料，运输包装的作用尤其突出。这是因为生产资料的生产与消费批量大、数量多，运输量和储存量都大大超过生活资料。

图 3—3　销售包装

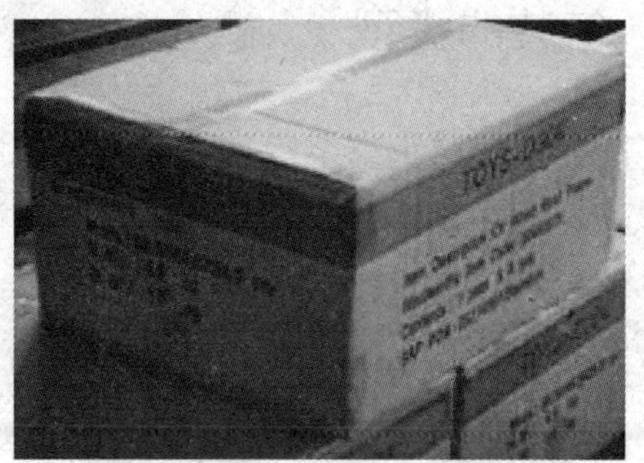

图 3—4　运输包装

2. 按适用的广泛性分类

按包装适用的广泛性不同，包装可分为专用包装和通用包装，见表 3—1。

表 3—1　　**包装按适用的广泛性分类**

类型	说　明
专用包装	根据被包装物特点进行专门设计、专门制造，只适用于某种专门商品的包装
通用包装	不进行专门设计、制造，而根据标准系列尺寸制造，用以包装各种标准尺寸的商品

3. 按包装容器分类

(1) 按包装容器的抗变形能力分类

按包装容器的抗变形能力不同，包装可分为硬包装和软包装两类。硬包装又称刚性包装，包装体有固定形状和一定强度；软包装又称柔性包装，包装体可有一定程度的变形，且有弹性。

（2）按包装容器的形状分类

按包装容器的形状不同，包装可分为包装袋、包装箱、包装盒、包装瓶、包装罐等。

（3）按包装容器的结构形式分类

按包装容器的结构形式不同，包装可分为固定式包装和拆卸折叠式包装。固定式包装的尺寸、外形固定不变，拆卸折叠式包装可以拆卸折叠，在不需包装时缩减容积，以利于管理及返运。

（4）按包装容器的使用次数分类

按包装容器的使用次数不同，包装可分为一次性包装和多次周转包装两类。

4. 按包装技术分类

（1）按包装层次及防护要求分类

按包装层次及防护要求不同，包装可分为个装、内装、外装三类。

（2）按包装的保护技术分类

按包装的保护技术不同，包装可分为防潮包装、防锈包装、防虫蚀包装、防霉腐包装、防震包装、危险品包装等。

二、包装材料

包装材料与包装作用存在着不可分割的联系。无论是货物包装材质的选择还是包装技术的实施，都是为了保证和实现货物包装的保护性、方便性等作用。常见的包装材料见表 3—2。

表 3—2　　常见的包装材料

类型	图　示	说　明
草制包装材料		材料来源是各种天然的草类植物。将这些草类植物进行梳理，编织成草席、蒲包、草袋等包装物料

续表

类型	图 示	说 明
木制包装材料		它是一种常见的包装材料，作为货物的外包装材料，具有抗压、抗震等优点
纸制包装材料		它是应用较为广泛的包装材料，品种多，耗量也最大，具有价格低、质地细腻均匀、耐摩擦、耐冲击、容易黏合、不受温度影响、无毒、无味、适于机械化包装生产等优点。纸制包装材料有牛皮纸、玻璃纸、植物羊皮纸、沥青纸、板纸、瓦楞纸，纸制包装物有纸袋、纸箱等
金属包装材料		它是指把金属压制成薄片或牵伸成细线用于货物包装的材料。通常的金属包装材料有镀锡薄钢板（马口铁）、涂料铁、铝合金等，包装物有金属圆桶、白铁皮罐、金属丝、金属网等
纤维包装材料		它是指各种纤维制作的包装材料，主要有黄麻、红麻、青麻、罗布麻、棉花等

续表

类型	图示	说明
陶瓷与玻璃包装材料		它具有耐风化、不变形、耐热、耐酸、耐磨等优点，尤其适合各种流体货物的包装。陶瓷、玻璃制作的包装容器容易洗刷、消毒、灭菌，能保持良好的清洁状态。同时，它们可以回收利用，有利于降低包装成本
合成树脂包装材料		它是指各种塑料制品包装材料，主要有聚乙烯、聚丙烯、聚氯乙烯、聚苯乙烯、酚醛树脂、氨基塑料等，包装物有各种塑料瓶、塑料袋和塑料箱等
复合包装材料		使用最广泛的复合包装材料是塑料与玻璃纸的复合材料，塑料与塑料的复合材料，金属箔与塑料的复合材料，金属箔、塑料、玻璃纸的复合材料，以及纸张与塑料的复合材料等

第二节　包装技术

如图 3—5、图 3—6 所示为常见的包装操作，这些包装技术在物流活动中发挥着非常重要的作用。

一、防震包装技术

防震包装又称缓冲包装，是指为了减轻内装货物受到的冲击和振动，保护其免受损坏所采取的具有一定保护作用的包装，在各种包装方法中占有重要的地位。

图 3—5 自动打包操作

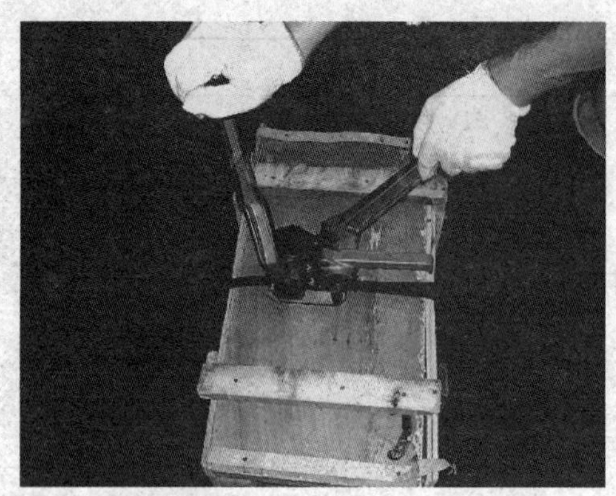
图 3—6 手动打包操作

防震包装主要包括全面防震包装、部分防震包装、悬浮式防震包装和联合式防震包装。

1. 全面防震包装

全面防震包装是指内装物和外包装之间全部用防震材料填满来进行防震的包装方法。

（1）压缩包装法

压缩包装法是指用弹性材料把易碎物品填塞起来或进行加固，这样可以吸收振动或冲击的能量，并将其引导到内装物强度最高的部分。这种方法所用弹性材料一般为丝状、薄片状和粒状，对形状复杂的物品也能很好地填塞，防震时能有效地吸收能量，分散外力，保护内装物。

（2）浮动包装法

浮动包装法与压缩包装法基本相同，不同之处在于所用弹性材料为小块衬垫。这些材料可以产生位移和流动，有效地充满直接受力部分的间隙，分散内装物所受的冲击力。

（3）裹包包装法

裹包包装法采用各种类型的片材把单件内装物裹包起来放入外包装箱盒内，适用于小件物品的防震包装。

（4）模盒包装法

模盒包装法是指利用模型将聚苯乙烯树脂等材料做成与制品形状一样的模盒，用其来包装制品，起到防震作用。这种方法适用于小型、轻质制品的包装。

（5）就地发泡包装法

这种方法以内装物和外包装箱为准，在其间充填发泡材料，操作简单，主要设备包括盛有异氰酸酯和多元醇树脂的容器及喷枪。

2. 部分防震包装

对于整体性好的产品和有内装容器的产品，仅在产品或内包装的拐角或局部地方使用防震材料进行衬垫即可，这种方法叫作部分防震包装，如图 3—7 所示，所用防震材料主要有泡沫塑料防震垫、充气塑料薄膜防震垫和橡胶弹簧等。

本方法适用于大批量物品的包装，目前广泛应用于家用电器、仪器仪表等商品的包装。

3. 悬浮式防震包装

对于某些贵重易损的物品，为了有效地保证其在流通过程中不被损坏，往往采用比较坚固的外包装容器，然后用绳、带、弹簧等将被包装物悬吊在包装容器内，不与四壁接触，这些支撑件起着弹性阻尼器的作用。在物流中，无论是什么操作环节，被包装物都被稳定悬吊而不与包装容器发生碰撞，从而减少损坏。如图 3—8 所示为悬浮式防震包装。

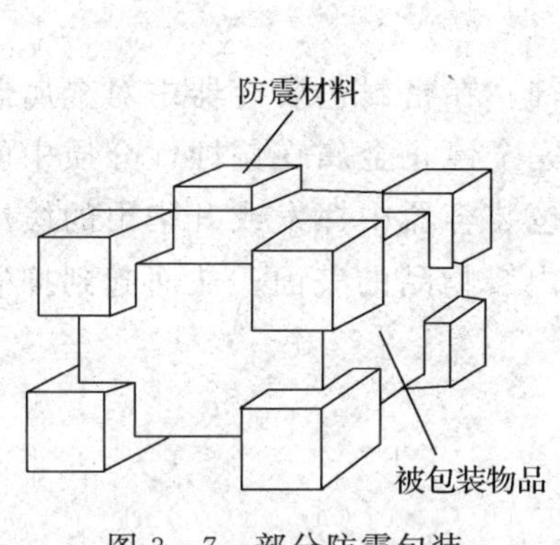

图 3—7　部分防震包装

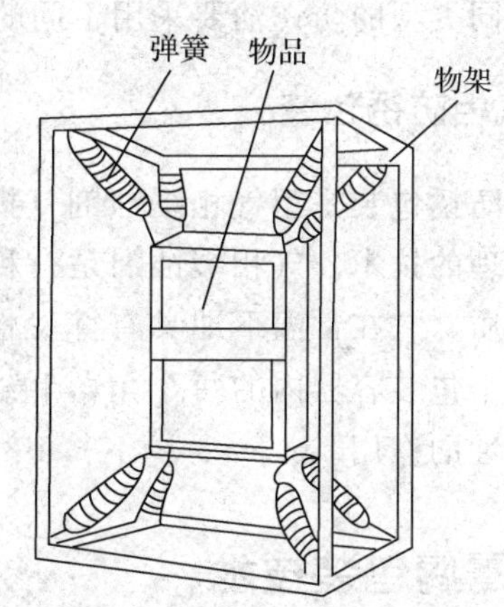

图 3—8　悬浮式防震包装

4. 联合式防震包装

在实际工作中常将两种或两种以上的防震方法配合使用，例如既加衬垫，又填充无定形缓冲材料，使产品得到更加充分的保护。有时可把不同材质的缓冲材料组合起来使用，如可将厚度相等的不同材料并联使用，可将面积相等的不同材料串联使用等。

二、防锈包装技术

按腐蚀介质不同，金属锈蚀可分为大气锈蚀、海水腐蚀、地下锈蚀、细菌锈蚀等。包装工程中遇到最多的是大气锈蚀。锈蚀对于金属材料及其制品有严重的破坏作用。据试验，钢材如果锈蚀1%，它的强度就要降低5%～10%，薄钢板就更容易因锈蚀穿孔而失去使用价值。除了少数贵重金属（如金、铂）外，各种金属都有与周围介质发生化学作用的倾向，因此金属锈蚀现象是普遍存在的。防锈包装技术主要包括防锈油包装和气相防锈包装。

1. 防锈油包装

大气锈蚀是空气中的氧气、水蒸气及其他有害气体等作用于金属表面引起化学作用的结果。如果使金属表面与引起大气锈蚀的各种因素隔绝（即将金属表面保护起来），就可以达到防止金属大气锈蚀的目的。防锈油包装方法就是根据这一原理将金属涂封以防止锈蚀的。用防锈油封装金属制品，要求油层有一定厚度，连续性好，涂层完整。不同类型的防锈油要采用不同的方法进行涂覆。

2. 气相防锈包装

气相防锈包装是用气相缓蚀剂（挥发性缓蚀剂）在密封包装容器中对金属制品进行防锈处理的技术。气相缓蚀剂是一种能减慢或完全停止金属在侵蚀性介质中的破坏过程的物质，它在常温下即具有挥发性，在密封包装容器中挥发或升华出的缓蚀气体能充满整个包装容器内的每个角落和缝隙，以及内装物品的表面，从而起到抑制大气对金属锈蚀的作用。

三、防霉腐包装技术

1. 化学药剂防霉腐包装

化学药剂防霉腐包装是使用防霉防腐化学药剂将待包装物品、包装材料进行适当处理的包装技术。有的技术是将防霉防腐剂直接加在某个工序中，有的是将防霉防腐剂喷洒或涂抹在商品表面，有的需浸泡包装材料后再进行包装。这些处理会使商品的质量与外观受到不同程度的影响。

2. 气相防霉腐包装

气相防霉腐包装是使用具有挥发性的防霉防腐剂，利用其挥发产生的气体直接与霉腐微生物接触，杀死这些微生物或抑制其生长，以达到商品防霉腐的目的。而且，由于气相防霉腐是使气相分子直接作用于商品上，对其外观和质量不会产生不良影响。这一技术要求包装材料和包装容器具有透气率小、密封性能好的特点。

3. 气调防霉腐包装

气调防霉腐包装是在密封包装的条件下，通过改变包装内空气的组成成分，以降低氧气的浓度，形成低氧环境，抑制霉腐微生物的生命活动和生物性商品的呼吸强度，从而达到防止被包装商品霉腐的目的。采用气调防霉腐包装时，应向包装内充入对人体无毒性、对霉腐微生物有抑制作用的气体，目前主要是充二氧化碳和氮气。

气调防霉腐包装技术的关键是密封和降氧。目前人工降氧的方法主要有机械降氧和化学降氧两种。机械降氧主要有真空充氮法和充二氧化碳法，化学降氧是采用脱氧剂来使包装内的氧浓度下降。

4. 低温冷藏防霉腐包装

低温冷藏防霉腐包装是通过控制商品本身的温度，使其低于霉腐微生物生长繁殖的最低温度，控制酶的活性，达到防霉腐的目的。它一方面抑制了生物性商品的呼吸氧化过程，使其自身分解受阻，一旦温度恢复，仍可保持其原有的品质；另一方面抑制了霉腐微生物的代谢和生长繁殖，达到防霉腐的目的。

5. 干燥防霉腐包装

微生物生活环境缺乏水分即造成干燥，在干燥的条件下，霉菌不能繁殖，商品不会腐烂。干燥防霉腐包装是通过降低密封包装内的水分与商品本身的含水量，使霉腐微生物得不到生长繁殖所需水分，达到防霉腐的目的。干燥可使微生物细胞蛋白质变形并使盐类浓度增高，从而使微生物生长受到抑制或促使其死亡。

四、真空包装技术和充气包装技术

1. 真空包装技术

真空包装技术是在容器封口之前抽成真空，使密封后的容器内基本没有空气的一种包装方法，如图 3—9 所示。目的是避免或减少脂肪氧化，抑制某些霉菌和细菌的生长。

2. 充气包装技术

充气包装技术也就是所谓的气体置换包装（见图 3—10），是采用不活泼气体（氮

气、二氧化碳等）置换包装容器中空气的一种包装技术。目的是通过改变密封容器中气体的组成成分，降低氧气的浓度，从而抑制微生物的活动，达到防霉、防腐和保鲜的目的。

图 3—9　真空包装技术

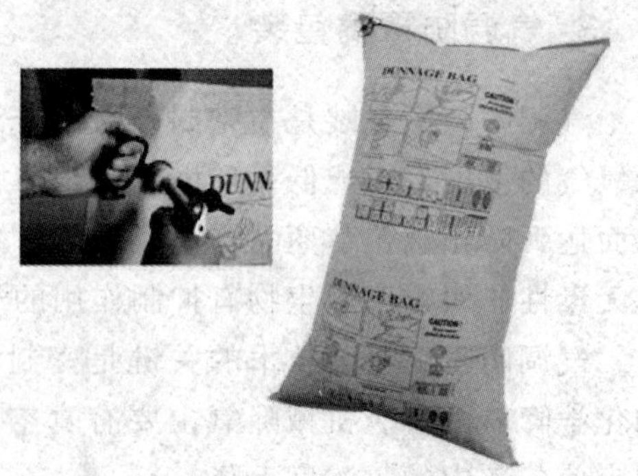

图 3—10　充气包装技术

五、热收缩包装技术和拉伸包装技术

1. 热收缩包装技术

热收缩包装技术是在 20 世纪 70 年代进入我国的，并得到了飞速的发展和普及，故被认为是 20 世纪发展最快的三种包装技术之一，也是一种很有发展前途的包装技术。热收缩薄膜是热收缩包装材料中最主要的一种。根据热塑料在加热条件下会复原的特性，在由塑料原料制成薄膜的过程中，预先进行加热拉伸，经冷却而制成热收缩薄膜。

2. 拉伸包装技术

拉伸包装技术起初主要用于销售包装，是为了满足超级市场销售肉、禽、海鲜、新鲜水果和蔬菜等产品的需求。自从比较理想的拉伸薄膜（如聚氯乙烯薄膜）用于拉伸包装后，拉伸包装技术得到了飞速发展，而且从销售包装领域扩展到运输包装领域，因为拉伸包装用于运输包装可以节省设备投资和材料、能源方面的费用。拉伸包装和热收缩包装一样，也是很有发展前途的包装技术。

3. 热收缩包装与拉伸包装的比较

拉伸包装的设备和材料是直接由热收缩包装发展而来的，它们之间既有相同点，也有不同点。有的物品只能用热收缩包装，有的物品适合用拉伸包装，而有的物品两者都能用，故应从材料、设备、工艺、能源和投资等各方面全面考虑，综合研究，针对具体产品和企业情况选择包装技术。

六、集合包装技术

集合包装是指将若干包装件或商品组合在一起，形成一个适合运输的单元，包括托盘包装和集装箱包装。这种包装技术能促使装卸、包装合理化，方便运输及保管作业，便于管理，有效利用运输工具和保管场地的空间，大大改善环境。

1. 托盘包装

为了有效地装卸、运输、保管物品，可将其按一定的数量组合放置于一定形状的台面上，这种台面有供叉车从下部插入并将台板托起的插入口。以这种结构为基本结构的平板台面包装技术和在这种基本结构基础上形成的各种形式的集装器具包装技术都称为托盘包装。

2. 集装箱包装

集装箱包装是一种用于货物运输、便于机械装卸的集合包装技术。集装箱是一个大型包装箱，适用于多种运输工具，具有安全、迅速、简便、节省等优点，是一种较好的包装方式。

七、危险品包装技术

危险品包装技术就是根据危险品的性质、特点，以及有关法令、标准和规定专门设计的包装技术与方法。危险品的运输包装上必须标明不同性质、类别的危险货物标志，以及装卸、搬运要求的标志。

八、防虫害包装技术

在包装物品时，可以放入一定量的驱虫剂，达到防虫害的目的。包装物品的容器也应当做防虫处理。例如，竹片或条筐必须经过消毒或熬煮，所用糨糊应加放防腐剂，防止害虫滋生，注意不要使处理包装材料的药剂与所包装的物品直接接触。

九、包装储运指示标志

包装储运指示标志是根据物品的某些特性（如怕湿、怕震、怕热、怕冻等）

确定的，其作用是在货物运输、装卸和储存过程中引起作业人员的注意，使他们按指示标志的要求进行操作，见表 3—3。认识这些标志可以减少错误操作造成的损失，从而降低物流成本。

表 3—3　　包装储运指示标志

标志名称	标志图示	标志说明
小心轻放	 小心轻放	该标志表明运输包装件内装有易碎品，因此搬运时要小心轻放
禁用手钩	 禁用手钩	该标志表明搬运包装件时禁用手钩
向上	 向上	该标志表明运输包装件的正确位置是竖直向上
怕热	 怕热	该标志表明包装件怕热
由此吊起	 由此吊起	该标志表明吊运时放链条或绳索的位置

续表

标志名称	标志图示	标志说明
怕湿	怕湿	该标志表明包装件怕雨淋、怕潮湿
重心点	重心点	该标志表明货物重心所在处
禁止滚翻	禁止滚翻	该标志表明包装件不得滚动搬运
堆码层数极限	N 堆码层数极限	该标志表明允许的最大堆码层数
温度极限	温度极限	该标志用于需要控制温度的特殊货物

续表

标志名称	标志图示	标志说明
怕辐射	 怕辐射	该标志表明包装物品一旦受辐射便会完全变质或损坏
此面禁用手推车	 此面禁用手推车	该标志表明搬运货物时此面禁用手推车
禁用叉车	 禁用叉车	该标志表明不能用升降叉车搬运包装件
由此夹起	 由此夹起	该标志表明装运货物时夹钳夹持的位置
此处不能卡夹	 此处不能卡夹	该标志表明装卸货物时此处不能用夹钳夹持
堆码重量极限	 堆码重量极限	该标志表明包装件所能承受的最大堆码重量

第三节　包装机械

包装机械包括充填机械、灌装机械、裹包机械、封口机械、捆扎机械和贴标机械等。如图 3—11、图 3—12 所示为常见的包装机械，这些包装机械在物流中发挥着非常重要的作用。

图 3—11　拉伸包装机

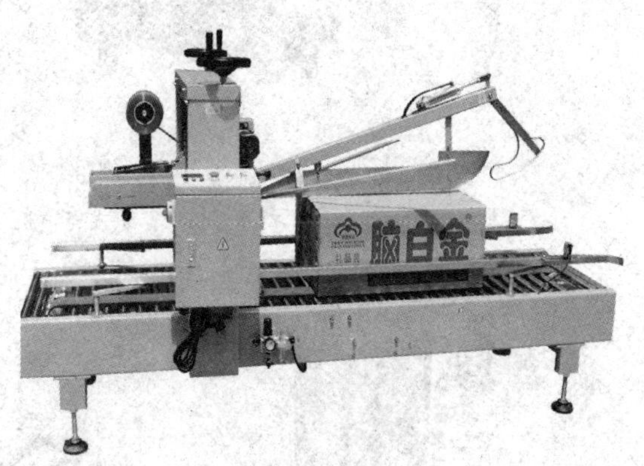

图 3—12　自动封箱机

一、充填机械

充填机械是将产品按预定量充填到包装容器中的机器。它适用于包装粉末、颗粒状的固态物品。

实际生产中，由于产品的状态、性质及所要求的计量精确度等因素各不相同，因此不同物料的充填方法也各有不同，这样就需用到多种充填机械，如容积式充填机、称重式充填机、计数式充填机等，如图 3—13 所示。

二、灌装机械

灌装机械是将液体产品按预定的量充填到包装容器内的机器（见图 3—14），它不仅可以依靠物料自重以一定速度流动而灌装黏度较小的物料，如酒类、油类、饮料、药水等，也可以依靠压力以一定速度流动而灌装某些黏稠物料或半流体物料，如酱类、牙膏、洗发膏、药膏等。

a)

b)

图 3—13　充填机械

a) 容积式充填机　b) 称重式充填机

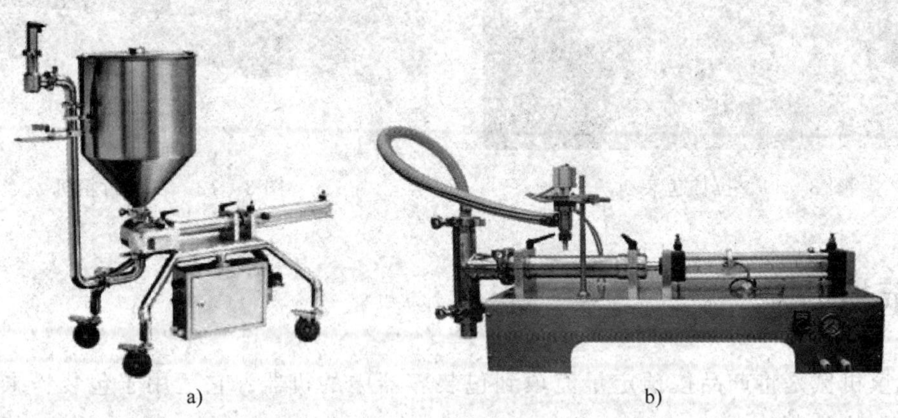

a)　　b)

图 3—14　灌装机械

a) 液体灌装机　b) 颗粒灌装机

现代包装业中，液体的灌装设备多为灌装—封口、清洗—灌装—封口等多功能设备。同时，可编程控制器已普遍应用到灌装机的控制系统中，从而实现了灌装机运行的智能化。

三、裹包机械

裹包机械是用挠性材料全部或局部裹包物品的机器，它适合于块状或具有一定刚度物品的包装。同时，某些粉状和散粒状物品经过浅盘、盒等预包装后，也可用该设备进行包装。按包装成品的形态不同，裹包机械可分为全裹包机和半裹包机；按裹包方式不同，裹包机械可分为折叠式裹包机、接缝式裹包机、覆盖式裹包机、缠绕式裹包机、拉伸式裹包机、贴体式裹包机、收缩式裹包机等。

1. 折叠式裹包机

折叠式裹包机用挠性包装材料裹包物品，将包装材料按一定的工艺方式进行折叠封闭，常用于长方体物品的裹包，包装后外观规则整齐，视觉效果好。

2. 接缝式裹包机

接缝式裹包机用挠性包装材料裹包物品，将包装材料按同面黏结的方式进行加热加压封闭、分切。接缝式裹包机通常是不间断地连续动作，工作效率较高。

3. 覆盖式裹包机

覆盖式裹包机用两张挠性包装材料覆盖在物品的两个相对面，采用热封或黏合的方法进行封口。

4. 缠绕式裹包机

缠绕式裹包机用成卷的挠性包装材料对物品进行多圈缠绕裹包。如图 3—15 所示是一种缠绕式裹包机，它利用拉伸膜的回缩性将货物和托盘束缚成整体，起到固定的作用，便于装卸和运输。同时，全封闭的塑料薄膜外包装能起到防尘、防潮、防水的作用，缠绕式裹包机可以应用到各行各业，尤其在化工、造纸、食品、玻璃制品、电子、医药等领域发挥了巨大的作用。

5. 拉伸式裹包机

拉伸式裹包机使用拉伸薄膜，在一定张力下对物品进行裹包，常用于把集聚在托盘上的物品连同托盘一起裹包。

6. 贴体式裹包机

贴体式裹包机是将物品置于底板上，使覆盖物品的塑料薄片在加热和抽真空作用下紧贴物品，并与底板封合，使所包装物品有较强的立体感。

7. 收缩式裹包机

收缩式裹包机是用热收缩薄膜对物品进行裹包封闭，然后再进行加热，使薄膜收缩后裹包产品。收缩式裹包机可分为隧道式、烘箱式、框式和枪式等多种。如图 3—16 所示是一种收缩式裹包机，适用于塑料瓶、易拉罐、玻璃瓶等的裹包。

图 3—15 缠绕式裹包机

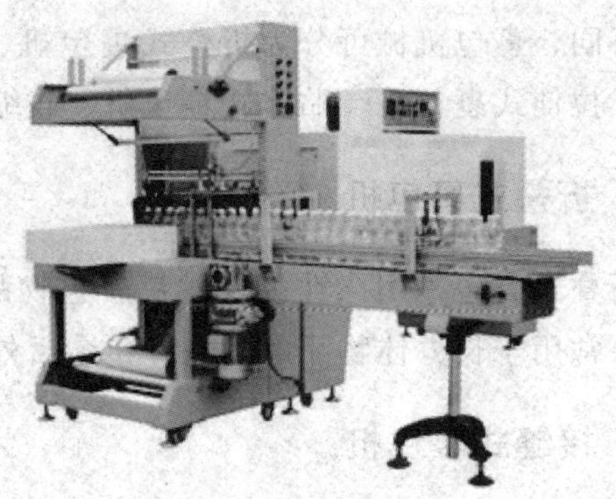

图 3—16 收缩式裹包机

四、封口机械

封口机械是在包装容器内盛装物品后，将容器的开口部分封闭起来的机器。封口是包装工艺中不可缺少的工序，封口质量的好坏直接影响被包装物品的保质期和美观。

封口机械是广泛应用于医药、农药、食品、化妆品、润滑油等行业的理想封口设备。常用封口机械如图 3—17 所示。

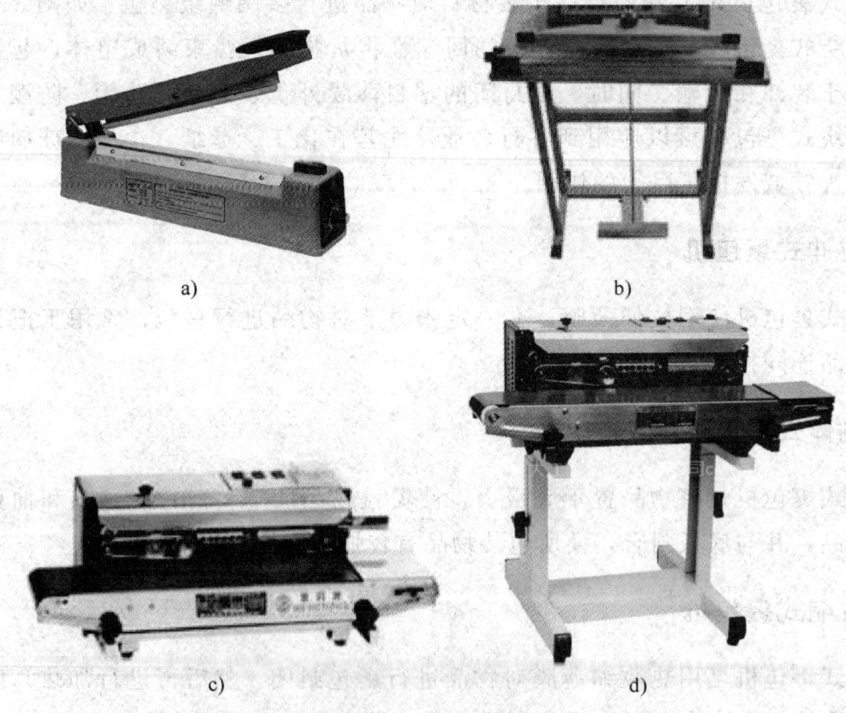

a) b) c) d)

图 3—17 常用封口机械

a）手动式封口机 b）脚踏式封口机 c）卧式封口机 d）落地式封口机

五、捆扎机械

捆扎机械是采用柔性的线材对包装件进行自动捆结的机器，属于外包装设备，广泛应用于食品、医药、五金、化工、服装、邮政等行业，适用于各种大小货物的自动打包捆扎，如图 3—18 所示。

a) b)

c) d)

图 3—18 捆扎机械

a）自动捆扎机 b）低台式捆扎机 c）台式捆扎机 d）侧面捆扎机

六、贴标机械

贴标机械是将事先印制好的标签粘贴到包装容器特定部位的机器，其工艺过程包括取标签、送标签、涂胶、贴标签、整平等。

目前市面上提供了多种贴标机械，主要有单面贴标机、侧面贴标机、不干胶贴标机、自动贴标机、两面贴标机等。如图 3—19 所示为不干胶自动贴标机。

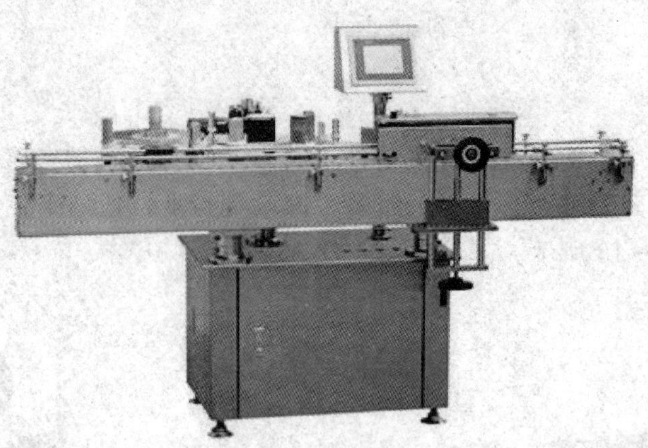

图 3—19 不干胶自动贴标机

思考练习题

1. 包装是如何进行分类的?
2. 包装材料有哪些种类?
3. 简述常用的包装技术及其各自包含的类型。
4. 常见的包装机械有哪些?

第四章　仓储设施设备

第一节　仓　　库

如图 4—1 所示，仓库在仓储作业过程中发挥着非常重要的作用。“仓储”中的“仓”意为仓库，是存放、保管、储存物品的建筑物和场地的总称，可以是房屋建筑、大型容器、洞穴或者特定的场地等，具有存放和保护物品的功能。“仓储”中的“储”意为储存，表示将储存对象收存以备使用，具有收存、保护、管理、储藏的意思。

图 4—1　仓库

一、仓库的类型

1. 按仓储经营主体分类

按仓储经营主体不同，仓库可分为自营仓库、营业仓库、公共仓库和战略储备仓库，见表 4—1。

表 4—1　　仓库按仓储经营主体分类

类型	具 体 说 明
自营仓库	自营仓库主要包括生产企业的仓库和流通企业的仓库。生产企业为保障原材料供应、半成品及成品保管的需要而建立自营仓库进行仓储保管，其储存对象较为单一，以满足生产为原则。流通企业自营仓库则用于对所经营的商品进行仓储保管，其目的是支持销售 自营仓库不具有经营独立性，仅仅是为企业的商品生产或经营活动服务，相对来说规模较小、数量众多、专业性强、仓储专业化程度低、设施简单
营业仓库	营业仓库的经营人以其拥有的仓储设施向社会提供仓储服务。仓库经营人与存货人通过订立仓储合同的方式建立仓储关系，依据合同约定提供仓储服务并收取仓储费用。营业仓库面向社会，以经营为手段，实现经营利润最大化。与自营仓库相比，营业仓库的使用效率较高
公共仓库	公共仓库是公用事业的配套服务设施，为车站、码头提供仓储配套服务，其运作的主要目的是保证车站、码头等的货物作业和运输，具有内部服务的性质，处于从属地位。但对于存货人而言，公共仓库也属于营业仓库，只是不独立订立仓储合同，而是将仓储关系列在作业合同或运输合同中
战略储备仓库	战略储备仓库是国家根据国防安全、社会稳定的需要，对战略物资进行储备的设施。战略储备仓库特别重视储备品的安全性，且储备时间较长，所储备的物资主要有粮食、油料、有色金属等

2. 按仓储保管条件分类

仓库按仓储保管条件不同，可分为普通物品仓库、专用仓库和特殊物品仓库，见表 4—2。

表 4—2　　仓库按仓储保管条件分类

类型	具 体 说 明
普通物品仓库	普通物品仓库是指不需要特殊条件的仓库，其设备和库房建造都比较简单，使用范围较广。这类仓库使用一般性的保管场所和设施，常温保管，自然通风，无特殊功能
专用仓库	专用仓库是专门用来储存某一类（种）物品的仓库。某些物品由于本身具有特殊性质，如对温湿度有特殊要求，或易于对与之共同储存的物品产生不良影响，因此要专库储存。例如，机电产品仓库、食品仓库、烟草仓库等都属于专用仓库
特殊物品仓库	特殊物品仓库是用于保管有特殊要求和需要满足特殊条件的物品的仓库，如危险品、石油、冷藏物品等。这类仓库必须配备防火、防爆、防虫等专门设备，其建筑构造、安全设施都与一般仓库不同。例如，冷冻品仓库、石油仓库、化学危险品仓库等都属于特殊物品仓库

二、仓库的功能

1. 储存和保管

储存和保管是仓库最基本的功能。仓库具有一定的空间，用于储存物品，仓库内还配有相应的设备，以保持储存物品的完好性，例如，储存挥发性溶剂的仓库必须设有通风设备，以防止空气中挥发性物质含量过高而引起爆炸；储存精密仪器的仓库必须防潮、防尘、恒温，因此应设立空调等设备。在仓库内进行作业时，还有一个基本要求，就是防止搬运和堆放时碰坏、压坏物品。

2. 调节货物运输能力

各种运输工具的运输能力是不一样的。船舶的运输能力很大，海运船一般是万吨级，内河船舶也有几百吨至几千吨的。火车的运输能力较小，每节车皮能装运 30～60 t。汽车的运输能力更小，一般每辆车装 4～10 t。由于运输能力存在差异，不同运输工具之间的运输衔接往往很困难，需要通过仓库进行调节和衔接。

3. 调节供需

创造物质的时间效用是物流的两大基本职能之一，物流的这一职能是由物流系统中的仓库来完成的。现代化大生产的形式多种多样，从生产和消费的连续性来看，每种产品都有不同的特点，有些产品的生产是均衡的，而消费是不均衡的，还有一些产品的生产是不均衡的，而消费却是均衡的。要使生产和消费协调起来，就需要仓库起“蓄水池”的调节作用。

4. 信息传递

在仓库管理的各项事务中，经营方和用户都需要及时而准确的仓库信息。例如，仓库的利用水平、进出库的频率、仓库的运输情况、顾客的需求和仓库人员的配置等，这些信息为用户或经营方进行正确的商业决策提供了可靠的依据，提高了用户对市场的响应速度。

5. 流通加工、配送

现代仓库的功能已处在由保管型向流通型转变的过程之中，即仓库由储存、保管货物的中心向流通、销售中心转变。仓库不仅要有储存、保管货物的设施设备，而且

还要增加分拣、配套、捆绑、流通加工、信息处理等设施设备。这样既扩大了仓库的经营范围，提高了货物的综合利用率，又方便了用户，提高了服务质量。

三、仓库的布局

1. 仓库库区布局的概念

仓库库区布局是指在城市规划管理部门批准用地的范围内，按照一定的原则，把仓库内的各种建筑物、道路等用地进行合理、协调、系统的布置，使仓库的各项功能得到发挥，如图 4—2 所示。

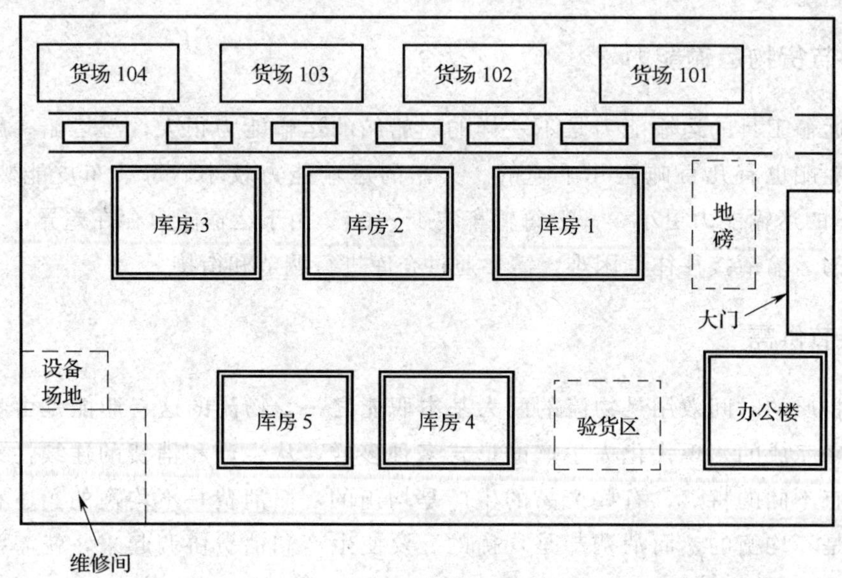

图 4—2　仓库库区布局

仓库的主要设施包括库房、货棚、货场、辅助建筑物、铁路专用线、库内道路和附属固定设施。仓库总体布局的基本要求是有利于物品储存，有利于作业优化，有利于仓库安全，有利于节省投资，有利于仓库将来的扩充，有利于库区总体布局整齐美观。

2. 仓库的典型布局

（1）U 形布局

U 形布局的特点是物流路线合理，进出口设备资源可以充分利用，便于越库作业，便于扩展，如图 4—3 所示。

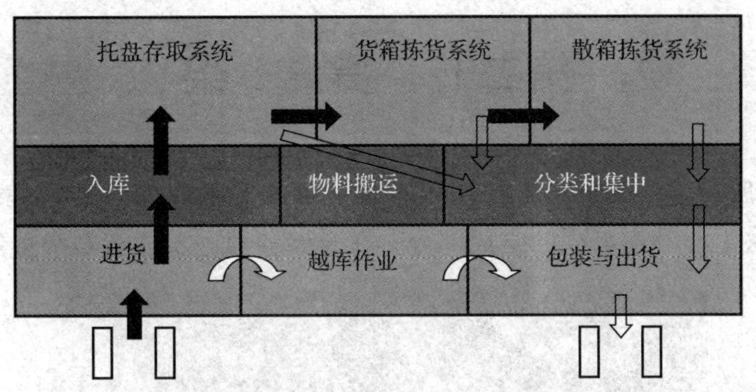

图 4—3　U 形布局

（2）直进穿越式布局

直进穿越式布局的特点是非常适合纯粹的越库作业，便于解决高峰时同时进出仓库作业的问题，如图 4—4 所示。

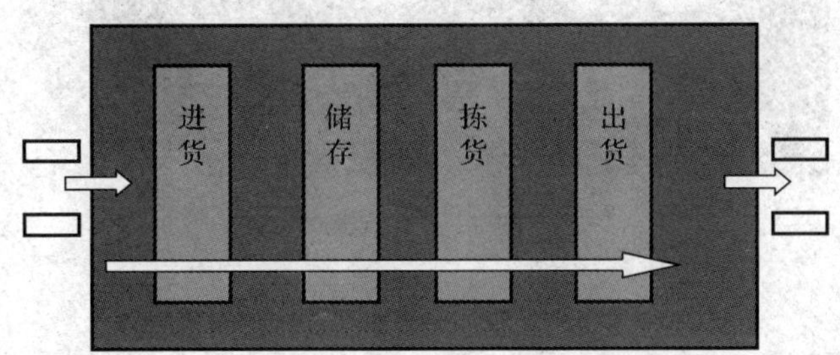

图 4—4　直进穿越式布局

（3）T 形布局

T 形布局的特点是能快速满足流转和储存两大功能需求，可以根据要求增加储存面积，适用范围广，如图 4—5 所示。

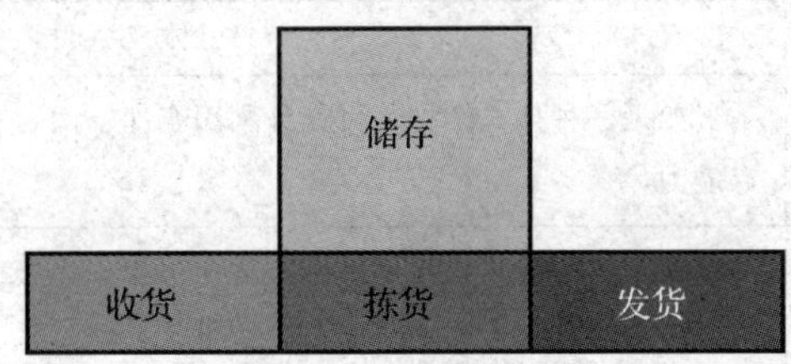

图 4—5　T 形布局

第二节　货　　架

如图 4—6 所示，货架是指专门用于存放成件物品的保管设施，是现代工业仓库、物流中心、配送中心必不可少的组成部分，在仓储管理中发挥着非常重要的作用。

图 4—6　货架

一、货架的作用

货架在现代物流活动中起着相当重要的作用，仓储管理实现现代化，与货架的种类、功能有直接的关系。货架的作用见表 4—3。

表 4—3　　货架的作用

作用	具体说明
提高库容利用率	货架是一种架式结构，可充分利用仓库空间，提高库容利用率，扩大仓库储存能力
减少商品的损耗	存入货架中的货物互不挤压，货物损耗小，可完整保证商品本身的性能，减少商品的损耗，提高商品的存储质量
便于作业	货物处于货架上的货格中，便于存取、计量、清点，可以做到先进先出
保证货物质量	可以采取防潮、通风、防尘、防盗、防破坏等措施，以保证货物存储质量
利于实现仓储自动化	很多新型货架的结构及功能有利于实现仓库的机械化及自动化管理

二、常用货架

1. 层架

(1) 按存放货物的重量等级分类

1) 重型货架。重型货架又称横梁式货架或货位式货架，属于托盘货架，是国内各种仓储货架系统中最常见的一种货架形式。重型货架采用立柱加横梁形式的全组装结构，一般采用固定式层架，坚固、承载能力强，多用于储存大件或中、重型物资，可以配合叉车等使用，能充分利用仓容面积并提高仓储能力，如图 4—7 所示。

图 4—7 重型货架

2) 中型货架。中型货架由立柱、横梁、托板和层板组成，主要特点为无螺栓连接，组装、拆卸简便，外形美观大方，适用于人工存取货物，承载能力通常为 200～350 kg/层，可以满足大部分使用要求。中型货架层板可以按 50 mm 间距自由上下调整，为便于操作人员存取货物，货架总高度通常不超过 2 m，如果使用登高设备，货架高度最多可以达到 3 m。中型货架可单独使用，也可自由拼接成各种排列方式，如图 4—8 所示。

3) 轻型货架。轻型货架中，一般采用人力（不用叉车等）直接存放货物（不采用托盘单元），因此货架的高度、深度较小，每层的载重量较轻。轻型冲孔货架是一种通用性很强的结构系统。冲孔角钢的长度可按刻度快捷切割，用螺栓任意组装、修整并重新安装，既可满足计划使用，又可满足紧急使用的需要。轻型货架如图 4—9 所示。

(2) 按结构特点分类

1) 层格式货架。层格式货架中间用隔板分成若干格，每格原则上只能放一种物品，以避免混淆，缺点是层间光线暗，存放数量不多。层格式货架规格复杂、多样，常用于必须相互间隔开的物品的储存，如图 4—10 所示。

图 4—8 中型货架

图 4—9 轻型货架

图 4—10 层格式货架

2）抽屉式货架。抽屉式货架又称模具货架，用于存放中小型模具，也可存放比较贵重或怕尘土、怕潮湿的小件物品，如图 4—11 所示。抽屉式货架顶部选配手拉葫芦移动车，便于模具的起吊和存取，抽屉板下设置有滚轮轨道，重载后依然能用很小的力轻松拉动，通常每层承载量小于 500 kg。重型抽屉式货架可用于存放特重型模具和货物。

图 4—11　抽屉式货架

2. 托盘货架

托盘货架是以托盘单元保管货物的货架，基本形态与层架类似，但承载能力更大，每层空间适于存放整托盘货物，架底撑脚装有叉车防撞装置。托盘货架采用优质冷轧钢板经辊压成型，立柱可高达 6 m 而中间无接缝。横梁选用优质方钢，承重力大，不易变形。横梁与立柱之间连接件为圆柱凸起插件，连接可靠、拆装容易，并使用锁钉，以防叉车工作时将横梁挑起。全部货架的表面均经酸洗、磷化静电喷涂等工序处理，防腐防锈，外形美观。托盘货架适用于大型仓库，如图 4—12 所示。

3. 阁楼式货架

阁楼式货架通常利用中型或重型搁板式货架作为主体支撑加上楼面板（根据货架单元的总负载重量来决定选用何种货架）而形成，如图 4—13 所示，楼面板通常选用冷轧型钢楼板、花纹钢楼板或钢格栅楼板。

图 4—12 托盘货架

图 4—13 阁楼式货架

阁楼式货架适用于仓库场地有限而存放物品品种又很多的情况，也适用于存放储存期较长的中小件货物，适合多品种少批量存储，也可用于旧库改造。其缺点是存取作业效率较低。

4. 悬臂式货架

悬臂式货架是在一根立柱上安装与其垂直的多层相互平行的横梁而构成的边开式货架，如图 4—14 所示。

悬臂式货架适合存储长条形货物，如钢铁、木材、塑料等，其前伸的悬臂具有结构轻巧、载重能力强的特点，并且存放不规则或长度较特殊的物品时，能大幅度提高仓库的利用率和工作效率。如果库房空间小或高度很低，还可以根据具体情况适当增加搁板，因此，与普通搁板式货架相比，悬臂式货架的利用率更高。

图 4—14　悬臂式货架

5. 重力式货架

重力式货架又叫自重力货架，是由托盘式货架演变而来的，属于仓储货架中的托盘类存储货架。重力式货架的单位库房面积存储量大并且固定了出入库位置，减少了出入库工具的运行距离，使仓储作业更专业、更高效，从而提升了安全性，并且能够保证货物的先进先出。重力式货架适用于大量存储的场所，也适用于配送中心、商场的拣货，如图 4—15 所示。

图 4—15　重力式货架

6. 移动式货架

移动式货架是一种底部带轮且可整体移动的货架。货架下面装有滚轮，仓库地面上装有导轨，开启控制装置后，货架可借助轮子沿导轨移动。移动式货架存取方便，可先进先出，但其建造成本较高，维护比较困难。

移动式货架主要用于小件、轻体货物的存取（也可采用大型设备制成可存取大重量物品的移动式货架，如管件、阀门、电动机托盘等），尤其适用于环境条件要求高、投资大的仓库，如冷冻库、气调库，如图 4—16 所示。

图 4—16　移动式货架

7. 旋转式货架

旋转式货架由多排货架连接而成，每排作步进式整体移动，每排可放同一品种不同包装规格的货物，有利于计量，拣选的同时可完成分货的功能；也可在每排不同货格中存放互相配套的物品，每次拣选一组物品。旋转式货架动力消耗大，不适于拣选频率太高的作业，在需要成组拣选或顺序拣选时较合适，适于作小型分货领域的分货式货架。旋转式货架又分为垂直旋转式货架和水平旋转式货架，垂直旋转式货架如图 4—17 所示。

8. 驶入式货架

驶入式货架采用钢质结构，钢柱上一定位置有向外伸出、水平凸出的构件或悬轨，用于存放货品，叉车可通过货架的通道进行存取作业。驶入式货架能起到保管场所和叉车通道的双重作用，叉车只能从货架的正面驶入，很难实现先进先出，每一巷道只宜保管同一品种的货物，储存密度高，库容利用率可达 90%。驶入式货架对托盘质量和规格要求较高，托盘长度需在 1 300 mm 以上。

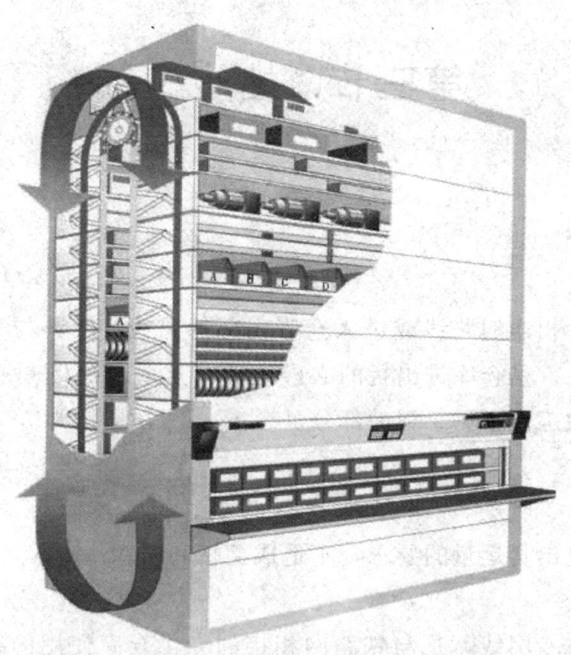

图 4—17　垂直旋转式货架

驶入式货架只适用于保管少品种、大批量、不受保管时间限制的货物，如图4—18所示。

图 4—18　驶入式货架

第三节 站 台

一、线路和站台

线路是指与仓库相连的路线或进入仓库内部的路线。线路与仓库的连接点称为站台，也称月台、码头，是仓库进出货的必经之路。这些设施既是仓库运行的基本保证条件，又是仓库高效工作不可忽视的部分。

1. 线路

线路应能满足进出货运量的要求，不造成拥挤和阻塞。

（1）铁道专用线

铁道专用线简称专用线，是与铁路网相接的专供仓库使用的线路。大量进出货的集散型仓库一般依靠专用线与外界沟通。煤炭、水泥、油料、金属材料配送型仓库或配送中心也往往依靠专用线解决大量进出货的问题。

（2）汽车线

汽车线是与公路干线相接的汽车线路，可以深入仓库内部甚至库房中。进出货量不太大的仓库往往靠汽车线与外界相连。

生产企业的大型成品库靠铁路线及汽车线向外出货。一般流通仓库中，铁路线与进货区相连，而汽车线与出货区相连。在汽车大型化的前提下，现代仓库很多不设铁路线，尤其是大城市内的仓库，主要依靠公路线与外界相连。

2. 站台

站台的基本作用是停靠车辆、装卸货物、暂存货物，利用站台就能方便地将货物装进车辆中或从车辆中取出，实现物流网络中线路与节点的衔接转换。

二、站台的主要形式

1. 高站台

高站台的高度与车辆货台一样，车辆停靠后，车辆货台与站台处于同一水平面，有利于使用作业车辆进行水平装卸，使装卸合理化。

2. 低站台

低站台与地面一样高，往往是与仓库地面处于同一高度，以利于站台与仓库之间的搬运。低站台与车辆之间的装卸作业不如高站台方便，但是，如果采用传送装置装卸货物，由于传送装置安装需有一定高度，采用低站台，传送装置安装后可与车辆货台保持同等高度。此外，采用低站台也有利于叉车作业。

现代仓库中，分货设备的出口端往往与站台合二为一，汽车停靠在端部，分货机分选的货物可直接装入车中，减少了一道装卸工序。

三、站台高度的确定

在一个库区内，可考虑为不同种类的停靠车辆设若干不同高度的停靠位置，也可考虑车种平均高度而尽可能缩小货车车厢底板与站台的高度差，以达到提高作业效率的目的。不同车辆适合的站台高度见表 4—4。

表 4—4　　不同车辆适合的站台高度

车型	站台高度（m）	车型	站台高度（m）
平板车	1.32	冷藏车	1.32
长途挂车	1.22	作业拖车	0.91
市区卡车	1.17	载重车	1.17
国际标准集装箱拖车	1.40		

在仓库中，进出货车种类可能很多，即使考虑到站台的不同高度，也很难使全部车辆与站台恰好接合。要解决车辆与站台的间距和高度差问题，一般站台为保证作业安全和方便，常采用下列三种设施，见表 4—5。

表 4—5　　站台的常见设施

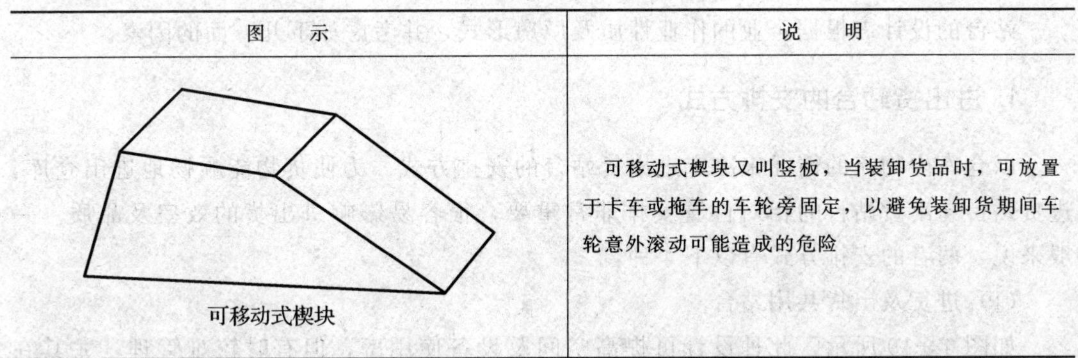

图　示	说　明
可移动式楔块	可移动式楔块又叫竖板，当装卸货品时，可放置于卡车或拖车的车轮旁固定，以避免装卸货期间车轮意外滚动可能造成的危险

续表

图示	说明
 卡车升降平台 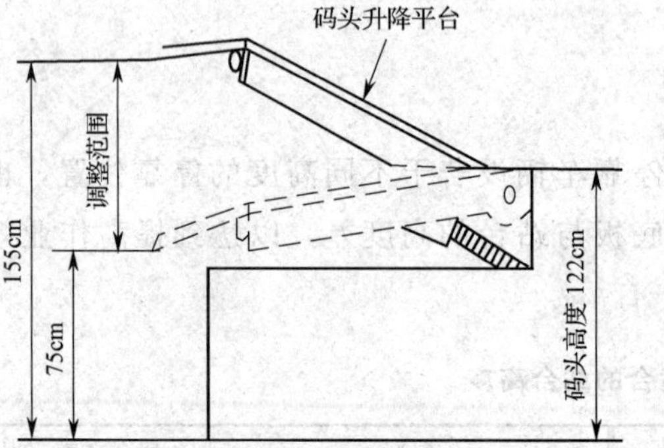 码头升降平台 调整范围 155cm 75cm 码头高度 122cm 码头升降平台	最安全也最有弹性的卸货辅助设施是升降平台，可分为卡车升降平台和码头升降平台两种。当配送车到达时，卡车升降平台可提高或降低配送车后轮，使得车底板高度与站台一致，方便装卸货；码头升降平台则可调整码头平台高度来配合配送车底板的高度
 ABC 物流 升降平台 货台	车尾附升降台是装置于配送车尾部的特殊平台，装卸货时可运用此平台将货物装上卡车或卸至站台。车尾附升降台可延伸至站台，也可倾斜放至地面，设计有多种样式，适于无站台设施的物流中心或零售点装卸货时使用

四、站台设计

站台的设计需根据企业的作业性质及厂房形式，并考虑如下几方面的因素。

1. 进出货站台的安排方式

以仓库内物流的情况来决定进出货站台的安排方式。为使货物能顺畅地进出仓库，进货站台与出货站台的相对位置安排非常重要，很容易影响进出货的效率及品质。一般来说，两者的安排方式有以下 4 种：

（1）进货及出货共用站台

如图 4—19 所示，此种设计可提高空间及设备使用率，但有时较难管理，尤其在进出货高峰时刻，容易造成进出货相互牵绊的不良效果。所以，此安排较适合进出货时间易规划错开的仓库。

（2）进货及出货分别使用站台，但两者相邻以便管理

如图 4—20 所示，这样安排时，设备仍可共用，但进货及出货作业空间分隔，可解决第一种方式进出货可能互相牵绊的困扰，但进出货空间不能弹性互用，必将使空间效益变低。此方式较适合厂房空间适中且进出货常易互相干扰的仓库。

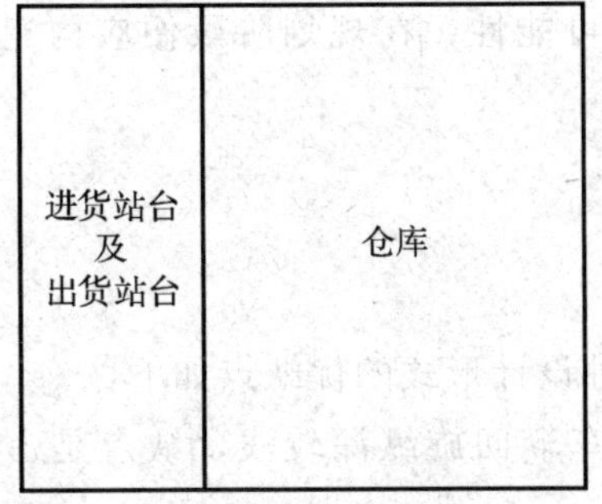

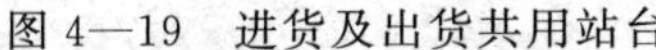
图 4—19　进货及出货共用站台

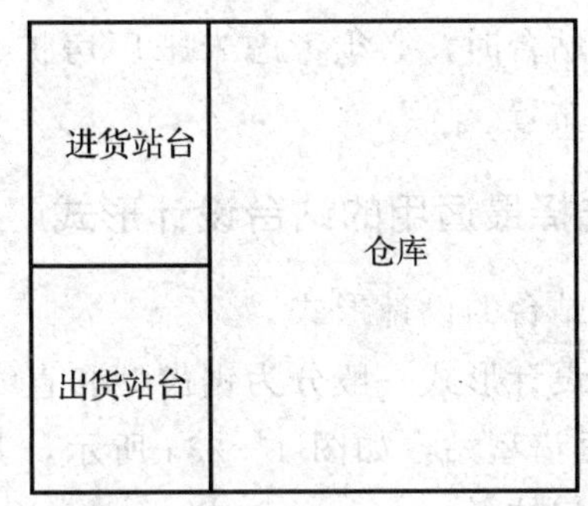

图 4—20　进货站台及出货站台独立但相邻

（3）进货与出货分别使用站台，但两者不相邻

如图 4—21 所示，此种站台安排方式的进出货作业属于完全独立的两部分，不仅空间分开，设备的使用也作划分，因此虽可使进货与出货更为迅速顺畅，但空间及设备的使用率势必降低。此方式对于厂房空间不大且进出货时段冲突频率不高的企业并不适用。

（4）多个进货及出货站台

如图 4—22 所示，不论站台采用以上哪种安排方式，若厂房空间足够且货物进出频繁，则可规划多个站台以适应及时存取货的需求。

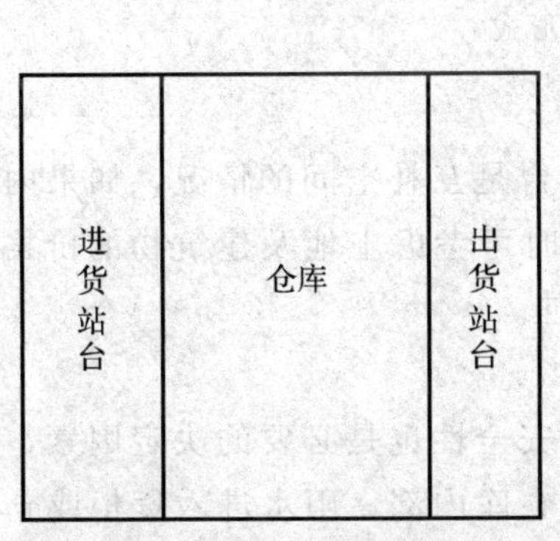

图 4—21　进货站台及出货站台独立但不相邻

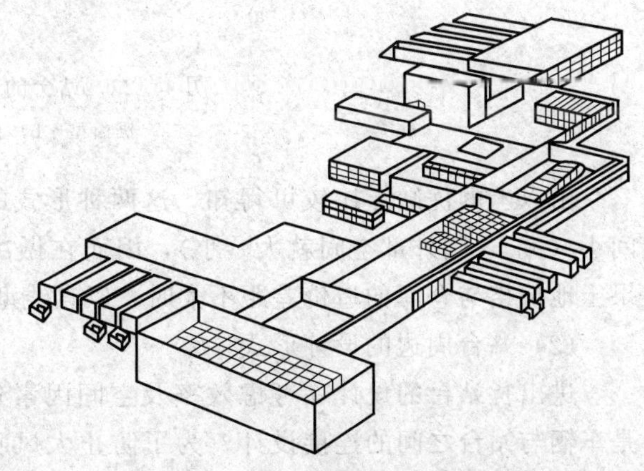
图 4—22　多个进货站台及出货站台

2. 站台数量

要作到任何时刻都能让进出货车辆通行无阻，不用等待即可装卸货，就要有足够数量的站台来运作。在一定空间内要准确估计站台数量，需要确切地掌握有关进出货的历史资料、高峰时段的车数和每辆车装卸货所需时间。

3. 未来厂房扩大或变更的可能性

设计站台时，必须考虑未来厂房扩大或变更的可能性，在规划阶段便应构建可弹性变动的布置。

4. 选择最适用的站台设计形式

（1）站台的设计形式

站台设计形式一般分为锯齿型和直线型。这两种设计形式的优缺点如下：

1）锯齿型站台如图 4—23a 所示，其优点在于车辆回旋纵深较浅，缺点是占用仓库内部空间较大。

2）直线型站台如图 4—23b 所示，其优点在于占用仓库内部空间较小，缺点是车辆回旋纵深较深，外部空间要求较大。

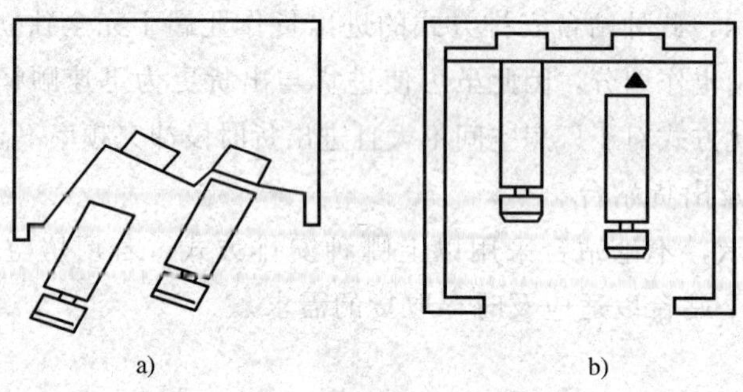

图 4—23　站台的设计形式

a）锯齿型　b）直线型

由以上的优缺点比较可得知，这两种形式的站台是互补空间的情况，如果内部空间小（大），则外部空间就大（小），因而在做决策时可考虑土地及建筑物的价格，如果土地价格与仓库的造价差距不大时，以直线型为佳。

（2）站台周边的设计形式

进出货站台的设计除考虑效率及空间因素外，安全性也是必要的决定因素，尤其是车辆与站台之间的连接设计。为了防止大风吹入仓库内部、雨水进入货柜或仓库等造成损失，避免仓库内空调冷暖气外泄等能源浪费，站台周边的设计形式有以下三种选择，见表 4—6。

表 4—6　　　　　　　　　　　　站台周边的设计形式

形　　式	说　　明
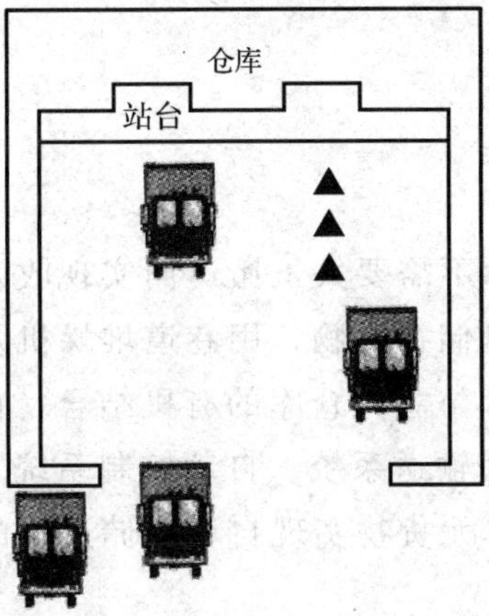 仓库 站台 内围式	内围式：将站台围在厂房内，进出货车辆可直接开进厂房装卸货，这种形式的设计最为安全，不怕风吹雨打，也不用担心冷暖气外泄
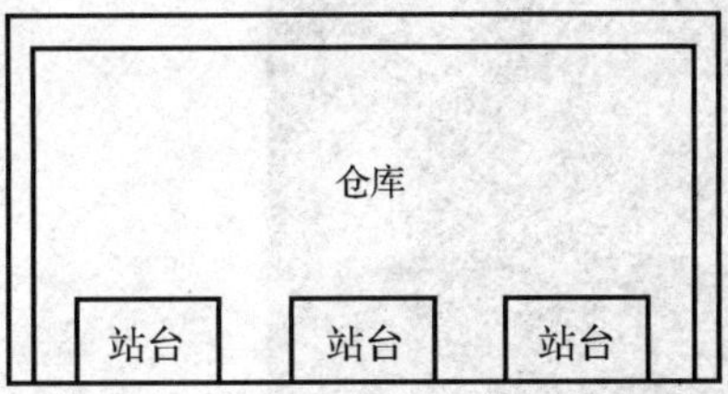 仓库 站台　站台　站台 平式	平式：站台与仓库外缘刚好齐平，此形式虽没有内围式安全，但至少整个站台仍在仓库内受保护，可避免能源浪费的情况。这种形式较为便宜，目前被广泛采用
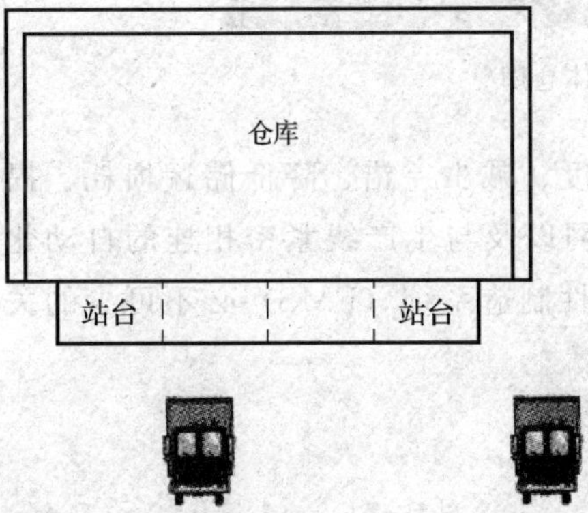 仓库 站台　站台 开放式	开放式：站台全部凸出于厂房，站台上的货品完全不受遮掩保护，且仓库内冷暖气容易外泄

第四节 自动化立体仓库

一、自动化立体仓库的概念

自动化仓库是由电子计算机进行管理和控制的，不需要人工搬运而实现收发作业的仓库。立体仓库是指采用高层货架配以货箱或托盘储存货物，用巷道堆垛机及其他机械进行作业的仓库。自动化立体仓库是自动化仓库与立体仓库的有机结合，它是由高层货架、巷道堆垛机、自动分拣系统、出入库自动输送系统、自动控制系统、计算机仓储管理系统及其周边设施设备组成的可对集装单元货物实现自动仓储过程的综合系统，如图 4—24 所示。

图 4—24 自动化立体仓库

自动化立体仓库具有节约用地、减轻劳动强度、减少差错、降低储运损耗、提高物流效率等优点。与厂级计算机管理信息系统联网以及与生产线紧密相连的自动化立体仓库是当今计算机集成制造系统（CIMS）及柔性制造系统（FMS）必不可少的关键环节。

二、自动化立体仓库的基本构成

1. 高层货架

高层货架是自动化立体仓库的主要组成部分。随着单元货物重量和仓库高度的提高，货架立柱、横梁的刚度和强度要求也随之提高。随着仓库自动化程度的提高，货架的制造和安装精度要求也相应提高，高层货架的高精度是自动化立体仓库正常运行的主要保证之一。高层货架具有保管物料、管理、监控的职能。

2. 巷道堆垛机

巷道堆垛机是用于自动存取货物的设备，按结构形式不同，可分为单立柱和双立柱两种基本形式，按服务方式不同，可分为直道、弯道和转移车三种基本形式。

巷道堆垛机接收计算机指令后，能在高层货架巷道中穿梭，把货物从巷道口出入库站台搬运到指定的货位中，或者把需要的货物从仓库中搬运到巷道口出入库站台，再配以相应的转运、输送设备，通过计算机控制实现货物的自动出入库。

3. 输送机

输送机是自动化立体仓库的主要外围设备，负责将货物运送到巷道堆垛机上或从巷道堆垛机上将货物移走。常见的输送机有轨道输送机、链条输送机、升降台、分配车、提升机和皮带机等。

输送机具有两个功能：一是输送功能，包括水平输送、倾斜输送、垂直输送；二是积放功能，以便完成物品暂存、装配、检测、拣选、包装及其他作业。

4. 电子设备与计算机控制管理设备

自动化立体仓库的管理系统和自动化控制可分成三级，即上位管理级、中位监控级和下位控制级。控制系统采用分布式控制，中位监控机由工业 PC 机构成，工业 PC 机的数据处理能力和抗干扰能力强，适于控制下位机。以可编程控制器（PLC）作为分配车和堆垛机的主控制器，进行前端控制。PLC 配置通信模块具有联机通信功能。全自动方式运行时，监控机对分配车和巷道堆垛机的控制是通过与下位机 PLC 的通信完成的。

三、自动化立体仓库的分类

自动化立体仓库是一个复杂的综合自动化系统，作为一种特定的仓库形式，一般有以下几种分类方式。

1. 按照货架与建筑物之间的关系分类

按照货架与建筑物之间的关系不同，自动化立体仓库可分为整体式和分离式两种。

（1）整体式

整体式自动化立体仓库的货架除了存储货物以外，还作为建筑物的支撑结构，构

成建筑物的一部分，即库房货架一体化结构。这种形式的仓库建筑费用低，抗震，适用于高度在 12 m 以上的大型自动化仓库。

（2）分离式

分离式自动化立体仓库的货架与建筑物相互独立，高度一般在 12 m 以下，但也有 15～20 m 的，适用于利用原有建筑物作库房、车间仓库和中小型自动化仓库。

2. 按照货物存取形式分类

按照货物存取形式不同，自动化立体仓库可分为单元货架式、移动货架式和拣选货架式。

（1）单元货架式

单元货架式是常见的自动化立体仓库形式，货物先放在托盘或集装箱内，再装入单元货架的货位上。

（2）移动货架式

移动货架式仓库由电动货架组成，货架可以在轨道上行走，由控制装置控制货架合拢和分离。作业时货架分开，在巷道中可进行作业；不作业时可将货架合拢，只留一条作业巷道，从而提高空间的利用率。

（3）拣选货架式

拣选货架式仓库的分拣机构是其核心部分，分为巷道内分拣和巷道外分拣两种方式。“人到货前拣选”是拣选人员乘拣选式堆垛机到货格前，从货格中拣选所需数量的货物出库。“货到人处拣选”是将存有所需货物的托盘或货箱由堆垛机运至拣选区，拣选人员按提货单的要求拣出所需货物，再将剩余的货物送回原地。

四、自动化立体仓库的一般工作流程

1. 入库流程

仓库二、三、四层两端六个入库区各设一台入库终端，每个巷道口各设两个入库台。需入库的货物经入库终端操作员输入名称、规格、型号和数量，控制系统通过人机界面接收入库数据，按照均匀分配、先下后上、下重上轻、就近入库、ABC 分类的原则，自动分配一个货位，并提示入库巷道。搬运人员可依据提示，将装在标准托盘上的货物用小电瓶车送至该巷道的入库台上。监控机指令堆垛机将货盘存放于指定货位。库存数据入库处理分两种类型：一种是需操作人员在货物入库之后，将已入库托盘上的货物名称（或代码）、型号、规格、数量、入库日期、生产单位等信息在入库客户机上通过人机界面输入；另一种是托盘入库。

2. 出库流程

仓库底层两端为出库区，中央控制室和终端各设一台出库终端，在每一个巷道口设有 LED 显示屏幕，提示本盘货物要送至装配平台的出门号。需出库的货物经操作人员输入产品名称、规格、型号和数量后，控制系统按照先进先出、就近出库、出库优先等原则，查出满足出库条件且数量相当或略多的货盘，修改相应账目数据，自动地将需出库的各类货物货盘送至各个巷道口的出库台上，经电瓶车将之取出并送至汽车上。同时，出库系统完成出库作业后，在客户机上形成出库单。

3. 回库空盘处理流程

仓库底层出库后的部分空托盘经人工叠盘后，操作人员输入空托盘回库作业命令，搬运人员依据提示用电瓶车送至底层某个巷道口，堆垛机自动将空托盘送回仓库二、三、四层的原入口处，再由各车间将空托盘拉走，形成一定的周转量。

思考练习题

1. 仓库具有哪些功能？
2. 仓库有哪些布局方式？
3. 常用的货架有哪些类型？
4. 站台的设计应考虑哪些因素？
5. 简述自动化立体仓库的一般工作流程。

第五章　集装单元设施设备

第一节　集装箱技术与装备

一、集装箱的功能与特点

1. 集装箱的功能

如图 5—1、图 5—2 所示为集装箱堆场和集装箱作业场景。集装箱是指海、陆、空不同运输方式进行联运时用以装运货物的一种容器。关于集装箱的定义，不同国家、地区和组织的表述有所不同。国际标准化组织（ISO）对集装箱的定义是“集装箱是一种运输设备，应具备下述功能：具有足够的强度，能长期反复使用；适合一种或多种运输方式，途中转运时，箱内货物不必转装；可进行快速搬运和装卸，特别便于从一种运输方式转移到另一种运输方式；便于货物装满或卸空；具有 1 m^3 及 1 m^3 以上的容积。”

图 5—1　集装箱堆场

图 5—2　集装箱作业场景

2. 集装箱的特点

集装箱作为一种集合运输包装，有着其他包装形式无法比拟的优点，概括如下：

（1）集装箱强度高、保护防护能力强，因而货损小。

（2）集装箱功能多，本身还是一个小型的储存仓库，使用集装箱可以不再配置仓库、库房。

（3）集装箱可以重叠垛放，有利于提高单位面积的储存数量，在车站、码头等待外运时，占地也较少。

（4）在多种集装方式中，尤其在散杂货集装方式中，集装箱的集装数量较大。集装箱的装载量与自重之和，最高可达 30 t 以上。

（5）集装箱还具备标准化装备的一系列优点，例如尺寸、形状有一定规定，便于对装运货物和承运设备作出规划、计划，可使用统一的装卸和运输工具，简化装卸工艺，通用性、互换性强等。

二、集装箱的分类

1. 按用途分类

（1）通用干货集装箱

它也被称为杂货集装箱，是一种具有集装箱的基本结构，但不需调控温度，内部也不装其他特殊设备，适用于一般杂货的封闭集装箱。其箱门设于一端或侧面。这种集装箱使用范围最广、数量最大，如图 5—3 所示。通用干货集装箱通常用来装运文化用品、化工用品、电子机械、工艺品、日用品、纺织品及仪器零件等不受温度变化影响的货物，各类固体散货、颗粒或粉末状的货物也可以用这种集装箱装运。

（2）保温集装箱

它是能进行适当温度控制的集装箱（见图 5—4），内部有温度控制设备，如制冷机等。为适应保温需要，集装箱体采用隔热保温材料或隔热保温结构。保温集装箱又分为冷藏集装箱、低温恒温集装箱和隔热集装箱三类。

（3）罐式集装箱

它是能装运各种液体、气体及部分颗粒体的特殊形状的集装箱。罐式集装箱的周边尺寸可按通用集装箱的尺寸制造，像通用集装箱一样装运而不和车辆连成整体，因而比罐式车更灵活机动，如图 5—5 所示。

图 5—3 通用干货集装箱

图 5—4 保温集装箱

（4）散货集装箱

它是一种密闭式集装箱，箱顶一般都开有 2～3 个装货口，通常为圆形或方形，端壁门下部开有两个卸货口，如图 5—6 所示。散货集装箱有玻璃钢制和钢制两种。

图 5—5 罐式集装箱

图 5—6 散货集装箱

图 5—7 汽车集装箱

（5）汽车集装箱

它是一种运输小型轿车用的专用集装箱，其特点是在简易箱底上装一个钢制框架，通常设有箱壁（包括端壁和侧壁），如图 5—7 所示。这种集装箱分为单层和双层两种。

（6）动物集装箱

它是一种专用的以装运活动物（如牛、羊、猪、马等）为主要功能的集装箱。这种集装箱的特殊之处在于有良好的通风、采光、饮水喂食设施。箱壁采用栏网式、栅栏式或栅窗式，如图 5—8 所示。

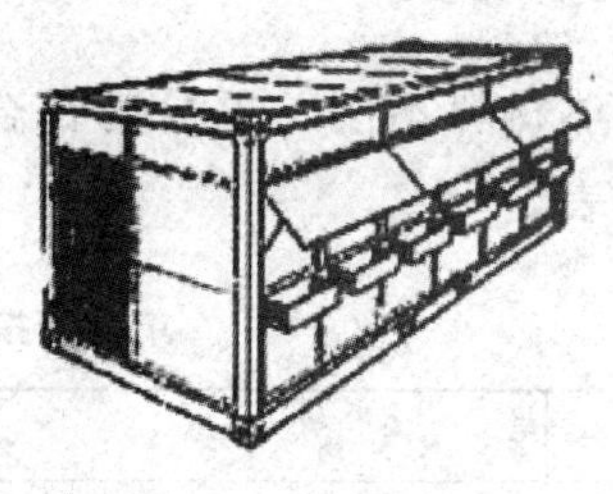

图 5—8　动物集装箱

（7）服装集装箱

这种集装箱的特点是在箱内上侧梁上装有许多横杆，每根横杆上垂下若干条皮带扣、尼龙带扣或绳索，成衣利用衣架上的钩直接挂在带扣或绳索上。这种服装装载法不仅节约了包装材料和包装费用，而且减少了人工劳动，提高了服装的运输质量。

2. 按箱体构造分类

集装箱按箱体构造不同，可分为折叠式集装箱、拆解式集装箱、台架式集装箱、抽屉集装箱和敞顶集装箱，见表 5—1。

表 5—1　　集装箱按箱体构造分类

类型	说　明
折叠式集装箱	这种集装箱的四个侧壁和顶板在空箱时可折叠平放到台座上，当需要装运时可再组装成箱。这种集装箱的特点是适于无回头货的单程运输，返运时折叠可减少运力的占用
拆解式集装箱	它的顶板、台座和四个侧壁靠组件组装而成，必要时可全部拆解，其特点与折叠式集装箱相同
台架式集装箱	台架式集装箱是没有箱顶和侧壁，甚至连端壁也去掉而只有底板和四个角柱的集装箱。这种集装箱可以从前后、左右及上方进行装卸作业，适合装卸长大件和重货件，如重型机械、钢材、钢管、木材、钢锭等
抽屉集装箱	抽屉集装箱内由一定尺寸的抽屉组成，打开箱门后便可抽出抽屉装取货物。这种集装箱一般是小型集装箱，主要用于装运仪器、仪表、武器、弹药及贵重物品
敞顶集装箱	这是一种没有刚性箱顶的集装箱，但有由折叠式或可折式顶梁支撑的帆布、塑料布或涂塑布制成的顶棚，其他构件与通用集装箱类似。这种集装箱适于装载大型货物和重货（如钢铁、木材），特别是玻璃板等易碎的重货，利用吊车从顶部吊入箱内，货物不易损坏，而且也便于在箱内固定

3. 按箱体材料分类

集装箱按箱体材料不同，可分为铝合金集装箱、钢制集装箱、玻璃钢集装箱和不锈钢集装箱，见表 5—2。

表 5—2　集装箱按箱体材料分类

类型	说　明
铝合金集装箱	它是用铝合金型材和板材构成的集装箱，特点是质量小，箱体尺寸不大，但造价高。它在航空集装箱领域中使用较多
钢制集装箱	它是用钢材制成的集装箱，优点是强度大、价格低，缺点是质量大、防腐蚀性较差。钢制集装箱是目前采用最多的，尤其是通用大型集装箱，绝大部分是钢制
玻璃钢集装箱	它是用玻璃纤维和合成树脂混合在一起制成薄薄的加强塑料，用黏合剂贴在胶合板的表面上形成玻璃钢板而制成的集装箱。它具有隔热性好、易清扫等特点
不锈钢集装箱	它与钢制集装箱相比，质量小，防腐蚀性能好

4. 按运输方式分类

(1) 联运集装箱

联运集装箱是能满足物流系统多种运输形式，并能在转运节点进行快速转运，不需对箱内装运物进行重组的集装箱。一般而言，这种集装箱需满足国际联运要求，主要指符合国际标准（ISO 标准）的国际海上运输大型集装箱，尤其指 20 ft（6.096 m）及 40 ft（12.192 m）的两种标准箱。

(2) 海运集装箱

国际集装箱运输以海运为联运的核心。因此，海运集装箱和联运集装箱是相同的。

(3) 铁道集装箱

铁道集装箱是铁路系统为适应货车运输要求和小范围铁—水、铁—陆联运而使用的具有一定专用性的集装箱。一般的铁道集装箱尺寸及吨位远小于联运集装箱，我国铁道集装箱主要有 5 t 和 10 t 两种，也有 1 t 的集装箱。由于我国的内陆运输仍以铁路为主，所以铁道集装箱在我国有很大的保有量。

图 5—9　空运集装箱

(4) 空运集装箱

它是适合于航空货运及航空行李托运的集装箱（见图 5—9）。空运集装箱有几个特点：其一，空运集装箱自重要求小，箱材厚度要求小，以减少无效运输，尽量增加空运量，因而集装箱的材质主要是铝合金；其二，空运集装箱需要装入飞机货舱中，其形状受飞机货舱形状及大小的制约，且由于机种很多，这种集装箱难以形成通用规格尺寸。即使是同一飞机用的集装箱，在机腹不同位置，箱的形状、尺寸也不同，一架飞机需若干集装箱配套，才能保证有效装运。

三、集装箱标准化

在整个物流系统标准化中，集装箱标准化是十分重要的一环。集装箱的标准化不仅与集装箱本身有关，也与各种运输设备、装卸机具，甚至与车站、码头、仓库的设施都有关。

1. 国际标准集装箱

国际标准集装箱是指根据国际标准化组织第 104 技术委员会制定的国际标准建造和使用的国际通用的标准集装箱。

集装箱标准化经历了一个发展过程。现行的国际标准为第 1 系列，共 13 种，其宽度均为 2 438 mm，长度有 12 192 mm、9 125 mm、6 058 mm 和 2 991 mm 四种，高度有 2 896 mm、2 591 mm、2 438 mm 和小于 2 438 mm 四种。常用国际标准集装箱规格见表 5—3。

表 5—3　　常用国际标准集装箱规格

型号	外部尺寸（mm）			总重量（kg）	最小内部尺寸（mm）			最小内部容积（m^3）
	高	宽	长		高	宽	长	
IA	2 438	2 438	12 192	30 480	2 195	2 300	11 997	60.5
IAA	2 591	2 438	12 192	30 480	2 350	2 300	11 998	65.7
IB	2 438	2 438	9 125	25 400	2 195	2 300	8 930	45.0
IBB	2 591	2 438	9 125	25 400	2 350	2 300	8 930	48.3
IC	2 438	2 438	6 058	20 320	2 195	2 300	5 867	29.6
ICC	2 591	2 438	6 058	20 320	2 350	2 300	5 867	31.7
ID	2 438	2 438	2 991	10 160	2 195	2 300	2 802	14.1

注：在上述七个规格中，国外普遍发展 IAA 型和 ICC 型两种大型集装箱。

2. 国家标准集装箱

国家标准集装箱是指各国政府参照国际标准并考虑本国的具体情况制定的本国集装箱标准。我国现行国家标准《系列 1 集装箱　分类、尺寸和额定质量》（GB/T 1413—2008）中，5 t、10 t 集装箱主要用于国内运输，20 t、30 t 集装箱主要用于国际运输。我国标准集装箱的型号、规格见表 5—4。

表 5—4　　我国标准集装箱的型号、规格

型号	外部尺寸（mm）			总重量（kg）	最小内部尺寸（mm）			最小内部容积（m^3）	备注
	高	宽	长		高	宽	长		
IAA	2 591	2 438	12 192	30 480	2 350	2 330	11 998	65.7	主要用于国际运输
ICC	2 591	2 438	6 058	20 320	2 350	2 330	5 867	32.1	
10D	2 438	2 438	4 012	10 000	2 197	2 330	3 823	19.6	主要用于国内运输
5D	2 438	2 438	1 968	5 000	2 197	2 330	1 780	9.1	

注：“总重量”指集装箱自重和最大容许载重之和，国际上以“长吨”（LONGTON，简称 TON）为单位，1 长吨相当于 1.016 t（METRIC TON，简称 TONNE）。IAA 总重量为 30 长吨，折合为 30.480 t。

3. 地区标准集装箱

地区集装箱标准是由地区组织根据该地区的特殊情况制定的，根据此类标准建造的集装箱仅适用于该地区，如根据欧洲国际铁路联盟（UIC）所制定的集装箱标准而建造的集装箱。

4. 公司标准集装箱

某些大型集装箱船公司根据本公司的具体情况和条件而制定了集装箱船公司标准，这类集装箱主要在该公司运输范围内使用，如美国海陆运输有限公司的 35 ft（10.668 m）集装箱。

第二节　托盘技术与装备

一、托盘的概念和特点

1. 托盘的概念

使用托盘是为了使货物能有效地装卸、运输、保管，将货物按一定数量组合放置于一定形状的台面上，这种台面有供叉车从下部叉入并托起的叉入口，以这种结构为基本结构的平板台面和在这种基本结构基础上所形成的各种形式的集装器具，都可统称为托盘，如图 5—10 所示。

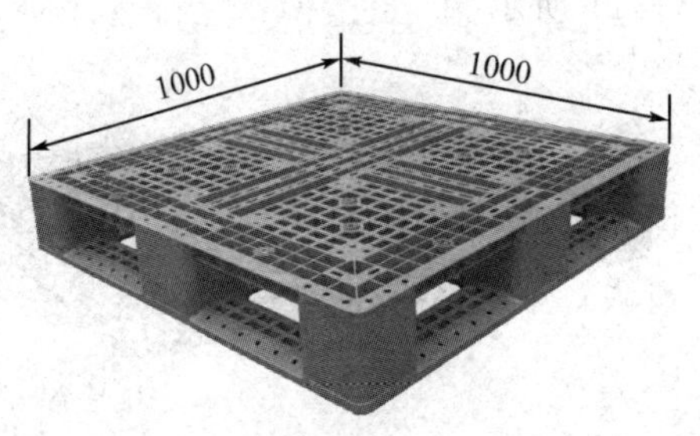

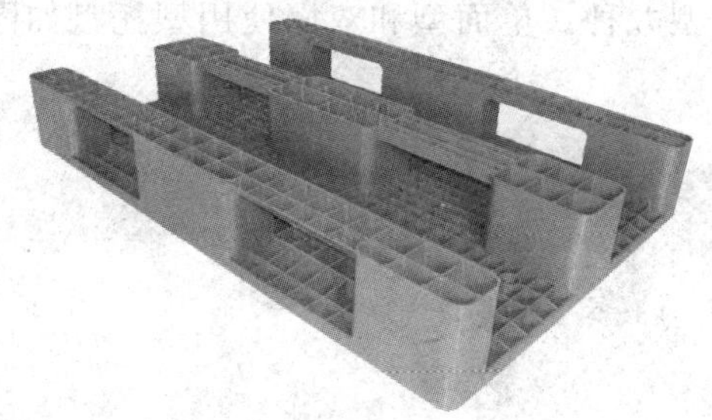

图 5—10 托盘

托盘的发展与叉车同步。叉车与托盘共同使用而形成的有效装卸系统大大地促进了装卸活动的发展，使装卸机械化水平大幅度提高。所以，托盘的出现也有效地促进了全物流过程水平的提高。

2. 托盘的特点

托盘与集装箱都有其各自的特点，形成优势互补的局面，即难以利用集装箱的地方可利用托盘，托盘难以完成的工作可由集装箱完成。

托盘的主要优点如下：

(1) 自重小，因而用于装卸、运输托盘本身所消耗的劳动量较小，与集装箱相比较，托盘的无效运输、装卸更少。

(2) 返空容易，返空时占用运力很少。由于托盘造价不高，又很容易互相代用，互以对方托盘抵补，所以无须像集装箱那样必有固定归属者，也无须像集装箱那样返空。即使返空，也比集装箱容易。

(3) 装盘容易，无须像集装箱那样深入箱体内部，装盘后可采用捆扎、紧包等技术处理，使用更简便。

(4) 装载量虽比集装箱小，但也能集中一定的数量，比一般包装的组合量大得多。

二、托盘的分类

1. 平托盘

平托盘是托盘中使用量最大的一种，可以说是一种通用型托盘。按不同的分类方式，平托盘可以进行如下分类。

(1) 按台面分类

按承托货物台面不同，平托盘可分成单面型、单面使用型、双面使用型、单面四向型、单面使用四向型、双面使用双翼型、单面单翼型、单面使用单翼型、双面使用

四向型九种。单面型和双面使用型托盘如图 5—11 所示。

a) b)

图 5—11 单面型和双面使用型托盘

a) 单面型 b) 双面使用型

(2) 按叉车叉入方式分类

按叉车叉入方式不同，平托盘可分为单向叉入型、双向叉入型、四向叉入型三种。

(3) 按制造材料分类

按制造材料不同，平托盘可分成以下三种。

1) 木制平托盘。如图 5—12 所示，木制平托盘制造方便，便于维修，本体也较轻，是使用广泛的平托盘。

图 5—12 木制平托盘

2) 钢制平托盘。钢制平托盘是用角钢等异型钢材焊接制成的平托盘，与木制平托盘一样，也有各种形式。钢制平托盘自重较大，人力搬运较为困难，常采用轻钢结构。最小质量为 35 kg 的 1 100 mm×1 100 mm 钢制平托盘可使用人力搬移。

3) 塑料制平托盘。采用塑料制成平托盘，一般是双面使用型，两向叉入或四向叉入，由于塑料强度有限，很少有翼型塑料制平托盘。

2. 柱式托盘

使用平托盘堆垛时，上层托盘的重量完全压在下层的货物上。因此，下层货物必须要堆码平整，具有一定的耐压力。这样就使托盘货物的种类和堆垛的高度都受到限制，有些异形货物或者质量比较差的纸箱包装不能使用平托盘。

柱式托盘就是用来弥补平托盘的这一缺陷的。柱式托盘的基本结构是在托盘的四个角上装有固定式或可卸式的柱子。柱式托盘的柱子部分用钢材制成，按柱子固定与否可分为固定柱式和可卸柱式两种。柱式托盘如图 5—13 所示。

图 5—13 柱式托盘

3. 箱式托盘

箱式托盘的基本结构是沿托盘四个边由板式、栅式、网式等各种平面组成箱体，如图 5—14 所示。有些箱体上有顶板，有些箱体上没有顶板。箱体有固定式、折叠式和可卸式三种。由于四周栏板不同，箱式托盘又有各种叫法，如四周栏板为栅栏式的也称为笼式托盘或集装笼。

图 5—14 箱式托盘

4. 轮式托盘

轮式托盘是仓储笼的一种变形产品，是在仓储笼的底脚加装工业脚轮制作而成，可实现仓储笼的盛装和平托盘的搬运等功能，是现代工商业生产、运输、储存、搬运及包装中广泛使用的一种很重要的工具，如图 5—15 所示。

图 5—15 轮式托盘

5. 特种专用托盘

（1）航空托盘

航空托盘是航空货运或行李托运时使用的托盘，一般采用铝合金制造，为适应各种飞机货舱及舱门的限制，一般制成平托盘，托盘上所载物品以网格覆罩固定。

（2）平板玻璃集装托盘

平板玻璃集装托盘又称为平板玻璃集装架，能支撑和固定立放的平板玻璃，在装运时，平板玻璃顺着运输方向放置，以保持托盘货载的稳定性。

（3）油桶专用托盘

它是专门装运标准油桶的异形平托盘，如图 5—16 所示。油桶专用托盘为双面型，两个面皆有稳固油桶的波形表面或侧挡板，油桶卧放于托盘上面，由于波形槽或挡板的作用，不会发生滚动和位移，同时，还可几层叠垛，解决桶形物难以堆高码放的困难，也方便储存。

（4）货架式托盘

它是一种框架形托盘，框架正面尺寸比平托盘略大，以保证托盘能放入架内，架的深度比托盘宽度小，以保证托盘能搭放在架上。架子下部有四个支脚，形成了叉车进叉的空间。这种货架式托盘也是托盘货架的一种，是货架与托盘的一体物。

（5）长尺寸物托盘

它是专门用于装放长尺寸货物的托盘，这种托盘叠高码放后便形成了组装式长尺寸货架。

（6）轮胎专用托盘

轮胎本身有一定的耐水性、耐蚀性，在物流过程中无须密闭，且本身很轻，装放于集装箱中不能充分发挥箱的载重能力，但是它的主要问题是储运时怕压、怕挤，因此采用托盘是一种很好的选择，轮胎专用托盘如图 5—17 所示。

图 5—16　油桶专用托盘

图 5—17　轮胎专用托盘

三、托盘的使用

1. 托盘货物的堆码方式

托盘货物的堆码方式主要有四种基本类型，如图 5—18 所示。

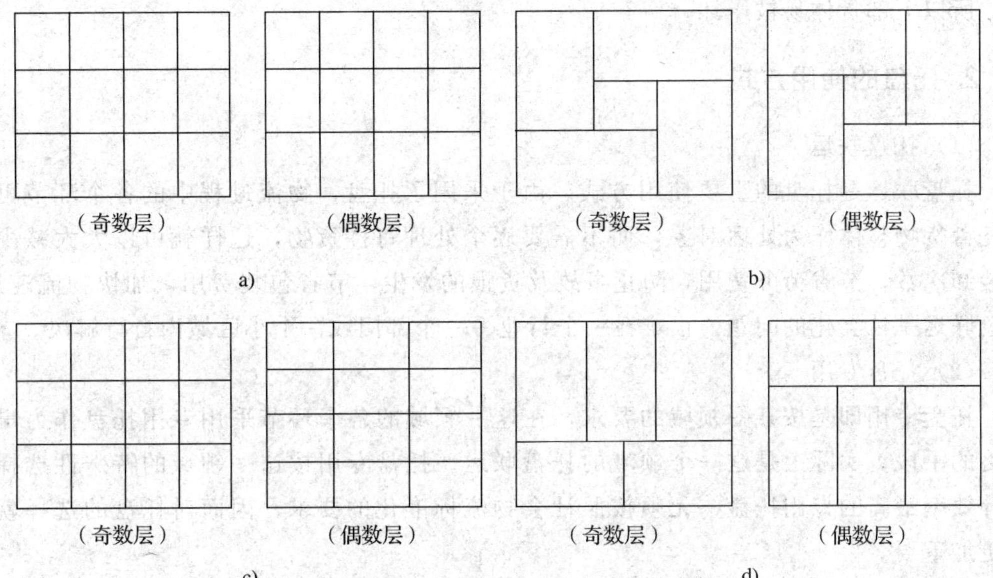

图 5—18　托盘货物的堆码方式

a）重叠式　b）旋转交错式　c）纵横交错式　d）正反交错式

（1）重叠式

重叠式即各层码放方式相同，上下对应。这种方式的优点是工作人员操作速度快，各层重叠之后，包装物四个角和边重叠，能承受较大的荷重。这种方式的缺点是各层之间缺少咬合作用，稳定性差，容易发生塌垛。在货体底面积较大的情况下，采用这种方式可有足够的稳定性。

（2）旋转交错式

采用旋转交错式时，第一层相邻的两个包装体都互为 90°，两层间的码放又相差 180°，这样相邻两层之间互相咬合交叉，托盘货体稳定性较高，不易塌垛。其缺点是码放难度较大，且中间形成空穴，会降低托盘装载能力。

（3）纵横交错式

采用纵横交错式时，相邻两层货物的摆放旋转 90°，一层呈横向放置，另一层呈纵向放置，层间有一定的咬合效果，但咬合强度不高。这种方式装盘也较简单，如果配

以托盘转向器，装完一层之后，利用转向器旋转 90°，工作人员则只用同一装盘方式便可实现纵横交错装盘，劳动强度与重叠式相同。

（4）正反交错式

采用正反交错式时，同一层中不同列的货物以 90°角垂直码放，相邻两层的货物码放形式是另一层旋转 180°的形式。这种方式不同层间咬合强度较高，相邻层之间不重缝，因此码放后稳定性很高，但操作较为麻烦，且包装体之间不是垂直面互相承受荷载，所以下部货体易被压坏。

2. 托盘的使用方式

（1）托盘联运

托盘联运是托盘的重要使用方式。由于采用了托盘，物流过程中的各个环节可以以托盘货物整体作为处理对象，而不需要逐个处理每件货物，这样就可以大大减少人力装卸次数，节省劳务费用，防止事故及货损的发生，节省包装费用，加快物流速度。托盘联运是社会化的问题，很难在一个行业、一个部门或一个小区域内自行解决。

（2）托盘专用

托盘专用即是按某一领域的要求，在这一领域的各个环节采用专用托盘作为贯通始终的手段，实际上是这一个领域的托盘联运。托盘专用按这一领域的特殊性选择和设计效率最高的专用托盘，无须按照社会物流标准化的要求，因而对托盘的选择就显得更加重要。

四、托盘标准化

托盘标准化是实现托盘联运的前提，也是实现物流技术装备标准化的基础和产品包装标准化的依据。

1. 1200 系列（1 200 mm × 800 mm 和 1 200 mm × 1 000 mm）

1 200 mm×800 mm 托盘也称欧洲托盘，这种托盘应用范围最广，欧洲各国及加拿大、墨西哥等国家采用此种标准托盘居多。1 200 mm×1 000 mm 托盘多用于化工行业。

2. 1100 系列（1 100 mm × 1 100 mm）

这个尺寸系列是由发展较晚的国际标准集装箱最小宽度尺寸 2 330 mm 确定形成的。日本、韩国、新加坡等国家所制定的标准托盘即为这个系列。由于 1100 系列的托盘与 ISO 国际标准集装箱相配合，所以普及率很高。

3. 1140 系列（1 140 mm × 1 140 mm）

此系列是对 1100 系列的改进，目的是充分利用集装箱的内部空间。

4. 1219 系列（1 219 mm × 1 016 mm 或 48 in × 40 in）

此系列是美国标准托盘。

国家标准《联运通用平托盘　主要尺寸及公差》（GB/T 2934—2007）将联运托盘的平面尺寸定为 800 mm×1 200 mm、800 mm×1 000 mm、1 000 mm×1 200 mm 三种，载重量均为 1 t。在此前后还陆续颁布过《托盘术语》（GB/T 3716—2000）、《联运通用平托盘　性能要求和试验选择》（GB/T 4995—2014）、《联运通用平托盘　试验方法》（GB/T 4996—2014）、《铁路货运钢制平托盘》（GB/T 10486—1989）等，为我国物流托盘标准化创造了条件。

第三节　其他集装技术与装备

集装箱、托盘是两种应用面广、适用货场种类多的主体集装方式，除此之外，还有若干种集装方式，它们在某些领域能够发挥特殊的作用。本节介绍集装袋、罐体集装、货捆、滑板等几种集装方式。

一、集装袋

集装袋是一种袋式集装容器，它的主要特点是柔软、可折叠、自重小、密闭隔绝性强，所以又被称为柔性货运集装箱，适用于散装货物，如水泥、化肥、粮食、饲料、砂糖、盐、纯碱等。集装袋配以叉车、吊车或其他运输工具，就可实现集装单元化运输，如图 5—19 所示。

二、罐体集装

罐体集装和罐式集装箱类似，但不属于集装箱系列，而单独构成专用的系列，其集装能力有时可超过罐式集装箱。这种集装方式有两个典型的代表体系。

1. 水泥散装

水泥散装采用专用的罐式散装汽车、火车及船舶，以水泥散装仓库为配送节点，

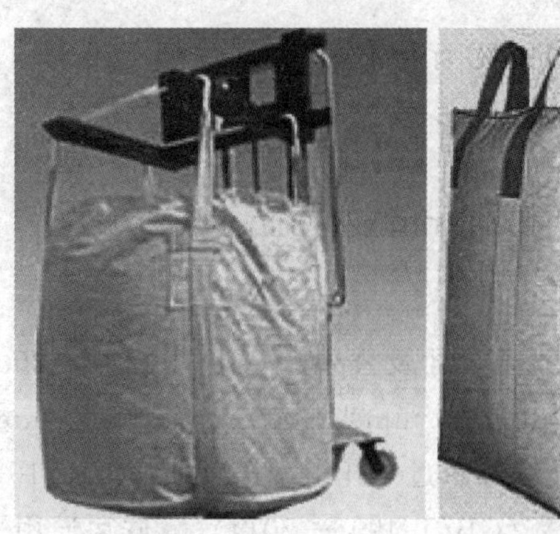

图 5—19　集装袋

将火车或船舶运到的大批量散装水泥卸放入散装仓库，以散装仓库为节点，转换运输方式，利用罐式散装汽车将水泥运至用户。

2. 石油、燃料油

石油、燃料油采用专用的油罐车进行运输，其物流过程为专用大型油罐车或专用油船将油运至中转库（一般是大型地下油库或油罐），再由油罐分运至各加油站，在加油站完成对用户的服务。

三、货捆

货捆是依靠捆扎将货物组合成大单元的集装方式。许多条形及柱形的、强度比较高的、无须防护的材料，如钢材、木材，各种棒、柱类建材，还有能进行捆扎组合的铝锭、其他金属锭等，采用两端捆扎或四周捆扎的方式可以组合成各种各样的捆装整体，如图 5—20 所示。

图 5—20　货捆

四、滑板

图 5—21　滑板

滑板又称薄板托盘或滑片，是托盘的一种变形体，如图 5—21 所示。其结构只是一片无支撑的薄板，也可使叉车的钢叉沿滑板滑动叉入板底，在不伤毁其他货物的情况下，将滑板连同滑板上的货物一起进行装卸操作。滑板和托盘相比，由于减少了一面盘面和纵梁、垫块，所以无效操作更少。

思考练习题

1. 简述集装箱的功能和特点。
2. 简述集装箱的分类方式。
3. 简述托盘的特点。
4. 托盘有哪些分类？

第六章　自动分拣和流通加工设施设备

第一节　自动分拣设备

一、自动分拣系统主要组成部分

自动分拣系统类型很多，但其主要组成部分基本相似，大体上由收货输送机、分拣指令设定装置、合流装置、送喂料机构、分拣传送装置及分拣机构、分拣卸货道口、计算机控制系统七部分组成，如图 6—1 所示。

图 6—1　自动分拣系统

1. 收货输送机

货车送来的货物放在收货输送机上，经检查验货后，送入自动分拣系统。为了满足物流中心吞吐量大的要求，提高自动分拣系统的分拣量，往往采用由多条输送带组成的收货输送机系统，以供几辆、几十辆乃至百余辆货车同时卸货。这些收货输送机多是辊柱式和胶带式输送机，如图 6—2 所示。

图 6—2 收货输送机

2. 分拣指令设定装置

分拣指令设定装置通常在待分拣货物外包装上贴上或打印上表明货物品种、规格、数量、货位、货主、到达目的地等内容的标签。货物进入分拣机前，先由分拣指令设定装置把分拣信息（如配送目的地、客户名等）输入计算机，再由控制装置根据标签上的代码正确引导货物流向。

3. 合流装置

大规模的自动分拣系统因分拣数量较大，往往由 2～3 条传送带输入被拣商品，它们在分别经过各自的分拣指令设定装置后，必须经过由辊柱式输送机组成的合流装置，它能使到达汇合处的货物依次通过。通常 A、B、C 三条收货输送机上的商品经过合流交汇处时，由计算机合流程序控制器按照“谁先到达谁先走”的原则控制，若同时到达，按 A→B→C 的顺序控制。

4. 送喂料机构

货物在进入分拣机之前，先经过送喂料机构。它的作用有两个：一是依靠光电管的作用，使前后两货物之间保持一定的间距（最小为 250 mm），均衡地进入分拣传送带；二是使货物逐渐加速到分拣机主输送机要求的速度。

如图 6—3 所示为翻盘式分拣机送喂料机构。

图 6—3 翻盘式分拣机送喂料机构

5. 分拣传送装置及分拣机构

自动分拣系统的主体包括分拣传送装置和分拣机构两个部分。前者的作用是把被分拣的货物送到设定的分拣道口位置，后者的作用是把被分拣的货物推入分拣道口。各种类型分拣机的主要区别就在于采用不同的传送装置（如钢带输送机、胶带输送机、托盘输送机、辊柱输送机等）和不同的分拣机构。

6. 分拣卸货道口

分拣卸货道口是用来接纳由分拣机构送来的被分拣货物的装置，其形式主要取决于分拣方式和场地空间。分拣卸货道口一般采用斜滑道，其上部接口设置动力辊道，把分拣货物“拉”入斜滑道。

7. 计算机控制系统

计算机控制系统向自动分拣系统的各个执行机构传递分拣信息，是控制整个分拣系统的指挥中心。自动分拣的实施主要靠它把相应的分拣信号传送到相应的分拣道口，并指示启动分拣机构，把被分拣货物推入道口。

二、常见的自动分拣机

1. 钢带推出式分拣机

钢带推出式分拣机的主体是整条的钢带输送机，如图6—4所示。按钢带的设置形式不同，钢带推出式分拣机可分为平钢带式和斜钢带式两种。下面以平钢带式为例说明钢带推出式分拣机的工作过程。

图6—4　钢带推出式分拣机

分拣人员阅读编码带上的货物地址，在编码键盘上按下相应的地址键，携带有地址代码信息的货物即被输送至缓冲储存带上排队等待。

当控制柜中的计算机发出上货信号时，货物即进入平钢带分拣机。当其前沿挡住货物探测器时，探测器发出货到信号。计算机控制紧靠探测器的消磁、充磁装置，首先对钢带上的遗留信息进行消磁，再将该货物的地址代码信息以磁编码的形式记录在紧挨货物前沿的钢带上，形成自携带地址信息，从而保持与货物同步运动的关系。

分拣机每一小格滑槽的前面都设置有一个磁编码信息读取装置，用来阅读与货物同步运行的磁编码信息。当所读信息就是该格口代码时，计算机就控制推出机构快速地将货物推出钢带，进入分拣道口，完成分拣任务。最常用的推出机构是括板式推出机构，括板在推出货物时做曲线运动，推出货物时括板边平行于货箱，能够平稳地将货箱推出，避免损伤，同时快速退回，让后继货物通过。括板设在钢带一侧，分拣道口则设在另一侧。括板的间距即分拣道口的间距，通常根据被分拣货物的长度而定，一般为 3～4 m。

2. 胶带浮出式分拣机

这种分拣机的主体是分段的胶带输送机，如图 6—5 所示。传送胶带的下面设置有两排旋转的滚轮，每排有 8～10 个滚轮，滚轮的排数也可设计为单排，主要根据被分拣货物的重量决定。滚轮接收到分拣信号后会立即跳起，使两排滚轮的表面高出主传送带 10 mm，并根据信号要求向某侧倾斜，使原来保持直线运动的货物在一瞬间转向，实现分拣。

图 6—5　胶带浮出式分拣机

胶带宽度为 600～750 mm，每一分拣道口都有滚轮，间距为 3 m 左右，两侧各设分拣道口（通常与主传送带成 60°或 90°角）。这种类型的分拣机分拣滑道多，输送带长，一般有五条上料输送带同时上料。主传送带的速度为 100～120 m/min，比输送带的速度快得多。该类型分拣机对货物的冲击小，适合分拣底部平坦的纸箱和用托盘盛装的货物，不能分拣超长的货物或底部不平的货物。

3. 翻盘式和翻板式分拣机

（1）翻盘式分拣机

翻盘式分拣机的传送装置是一排由链条拖行的翻盘，翻盘到设定的分拣道口时会向左侧倾斜，被分拣货物即会依靠重力滑入分拣道口，如图 6—6 所示。

（2）翻板式分拣机

翻板式分拣机与翻盘式分拣机类似，均属倾翻型，如图 6—7 所示。它的传送部分由并列的窄状翻板组成，翻板宽 200 mm，长 600～900 mm，由 3～6 块翻板组成一组承载单元，翻板块数取决于被分拣货物的长度，一般为 600～2 000 mm，翻板可向两侧倾翻 30°。

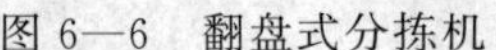

图 6—6 翻盘式分拣机

图 6—7 翻板式分拣机

在分拣货物时，每一承载单元前后的翻板陆续倾翻，使货物能平稳地转向并翻入分拣道口。这类分拣机的特点是能分拣长件货物，分拣传送带也能转弯和倾斜。传送带速度最高达 150 m/min，最大分拣能力达 12 000 件/h，分拣货物重量最大为 75 kg，最小为 0.2 kg，包装尺寸最大为 750 mm×650 mm×500 mm，最小为 100 mm×50 mm×10 mm。

4. 滑块式分拣机

滑块式分拣机的传动装置是一条板式输送机，其板面由金属板条或管子组成，每块板条或管子上各有一枚导向块，能做横向滑动。导向块靠在输送机一侧的边上，当被分拣货物到达指定道口时，控制器会使导向块顺序地向道口方向移动，把货物推入分拣道口，如图 6—8 所示。

5. 托盘式分拣机

托盘式分拣机是一种应用十分广泛的机型，它主要由托盘小车、驱动装置、牵引装置等组成。其中托盘小车的形式多种多样，有平托盘小车、U 型托盘小车、交叉带式托盘小车等。

传统的平托盘小车通过盘面倾翻靠重力卸载货物，结构简单，但存在上货位置不稳、卸货时间过长的缺点，容易造成高速分拣时不稳定和格口宽度过大。

交叉带式托盘小车的特点是取消了传统的盘面倾翻、利用重力卸载货物的结构，而在车体上设置了一条可以双向运转的短传送带（又称交叉带），用它来承接上货机运来的货物，由牵引链牵引运行到格口，再由交叉带运转，最终将货物强制卸载到左侧或右侧的格口中。交叉带式托盘分拣机如图 6—9 所示。

图 6—8　滑块式分拣机

图 6—9　交叉带式托盘分拣机

6. 悬挂式分拣机

悬挂式分拣机是用牵引链（或钢丝绳）作牵引件的分拣设备，按照有无支线，可分为固定悬挂和推式悬挂两种机型。前者用于分拣、输送货物，只有主输送线路，而吊具和牵引链是连接在一起的；后者除主输送线路外还具备储存支线，并有分拣、储存、输送货物等多种功能，如图 6—10 所示。

图 6—10　悬挂式分拣机

三、自动分拣设备的选型原则

1. 设备的先进性

在当前高新技术不断发展的条件下，设备先进性是选用时必须考虑的因素之一。配置了先进的分拣设备，才能很好地完成配送任务，并有利于建立起行之有效的配送作业体系。例如，英国于20世纪60年代末期确定以斜带式分拣机作为全国标准设备，到了20世纪80年代，由于分拣货物重量、数量增加，这类设备的处理能力低而被迫改为翻板式和翻盘式分拣机，造成了很大的损失。因此，在选用分拣设备时，要尽量选用能代表该类设备发展方向的机型。

2. 经济实用性

选用的分拣设备应具有操作和维修方便、安全可靠、能耗低、噪声小、成本低、能保证人身健康及货物安全等特点，并具有投资少、运转费用低等优点。

3. 兼顾上机率和设备技术经济性

上机率是上机分拣的货物数量与该种货物总量之比。追求高的上机率，必然要求将上机分拣货物的尺寸、重量、形状等参数尽量放宽，这将导致设备的复杂化、技术难度及制造成本增加、可靠性降低。反之，上机率过低，必将影响设备的使用效果，增加手工操作的工作量，既降低了设备的性价比，又使分拣作业的效益降低。因此，必须根据实际情况，兼顾上机率和设备技术经济性两方面因素，确定较为合理的上机率和允许上机货物的参数。

4. 相容性和匹配性

选用的分拣设备应与系统其他设备相匹配，并构成一个合理的物流程序，使系统获得最佳经济效益。如果购置了非常先进的自动分拣设备，但自动分拣货物与大量的人工装卸搬运货物极不相称，则不可能提高分拣设备利用率，整体综合效益也不高。

5. 符合所分拣货物的基本特性

货物的物理、化学性质及外部形状、重量、包装等特性千差万别，必须根据这些基本特性来选用分拣设备，如浮出式分拣机只能分拣包装质量较高的纸箱等。这样，才能保证货物在分拣过程中不受损失，保证配送作业的安全。

四、电子标签拣选系统

电子标签是一种计算机辅助的无纸化拣货系统，其原理是在每一个货位安装数字显示器，利用计算机的控制将订单信息传输到数字显示器上，拣货人员根据数字显示器所显示的信息拣货，拣货之后按确定键完成拣货工作，这种方式也称为电子标签拣货。

这种分拣方式中，电子标签取代拣选单，在货架上显示拣选信息，以减少“寻找货物”的时间，分拣的动作仍由人力完成。电子标签具有很好的人机界面，可以让计算机负责烦琐的拣选顺序规划与记忆，拣选员只需要按照计算机指示执行拣选作业即可。电子标签上有一小灯，灯亮表示该货位的货品是待拣货品。电子标签上可显示拣选数量。

拣选人员在货架通道间行走，看见灯亮的电子标签就停下来，并按照所显示数字拣取该货品所需数量。电子标签设备主要包括电子标签货架、信息传送器、计算机辅助拣选台车、条码、无线通信器材等。

此种拣选方式可以用于批量拣选，也可应用于按单拣选，但是货物品项太多时不宜使用，因此常被应用在ABC分类的A、B类上。它同时是一种无纸化拣货系统，可以即时处理，也可以批次处理。电子标签的拣货生产力约为500件，拣货错误率可降到0.01%左右，拣货的前置时间约为一个小时。

第二节　流通加工设备

一、剪板设备

剪板机是在各种板材的流通加工中应用比较广泛的一种剪切设备，可用于板料或卷料的剪裁。剪板机在流通领域的工作过程主要是板料在剪板机的上下刀刃作用下受剪产生分离变形。一般剪切时下刀刃固定不动，上刀刃向下运动。常见的剪板机见表6—1。

二、混凝土搅拌及输送设备

商品混凝土工厂所需机械设备包括原材料预处理设备、原材料供给设备、原材料计量设备、混合料搅拌设备、混凝土运输设备和施工工具，以及各种试验设备。通常混凝土工厂的成套设备主要有“一站三车”。

表 6—1 常见的剪板机

名称	图 示	说 明
摆式剪板机		摆式剪板机又可分为直剪式和直斜两用式，直斜两用式主要用于剪切 30°焊接坡口断面。摆式剪板机的刀架在剪切时围绕一固定点做摆动运动，剪断的表面较光滑，尺寸精度高，而且切口与板料平面垂直
振动剪板机		振动剪板机又称冲型剪切机，其工作原理是通过曲柄连杆机构带动刀杆作高速往复运动，行程次数由每分钟数百次到数千次不等
机械剪板机		机械剪板机结构简单，操作维修简便，价格低廉，广泛应用于冶金、轻工、汽车、电动机、电器、仪表、五金等行业

1. 混凝土搅拌楼(站)

混凝土搅拌楼（站）是用来集中搅拌混凝土的联合装置，又称混凝土预制厂，所生产的混凝土用车辆运送到施工现场，以代替施工现场的单机分散搅拌。混凝土搅拌楼（站）常用于混凝土工程量大、施工周期长、施工地点集中的大、中型水利电力工程、桥梁工程、建筑工程施工等。

随着市政建设的发展，采用集中搅拌、提供商品混凝土的搅拌楼（站）具有很大的优越性而得到迅速发展，并为推广混凝土泵送施工，实现搅拌、输送、浇筑机械联合作业创造条件。如图 6—11 所示为一商品混凝土搅拌楼，如图 6—12 所示为商品混凝土搅拌站。

图 6—11　商品混凝土搅拌楼

图 6—12　商品混凝土搅拌站

2. 混凝土搅拌运输车

混凝土搅拌运输车由载重汽车底盘和混凝土搅拌运输专用装置组成，如图 6—13 所示。因此，混凝土搅拌运输车能按汽车行驶条件运行，并用搅拌装置来满足混凝土在运输过程中的要求。搅拌装置的工作部分为拌筒，它支撑在不同平面的三个支点上，拌筒轴线对车架（水平线）有一定的倾斜度，常为 16°～20°，开有料口，供进料、出料用。搅拌装置一般均采用液压传动。

3. 混凝土输送泵车

混凝土输送泵车是在拖式混凝土输送泵的基础上发展起来的一种专用机械设备。它的应用将混凝土的输送和浇筑工序合二为一，同时完成水平和垂直运输，省去了起重设备。混凝土输送泵车由载重汽车底盘、柱塞泵、液压折叠臂架、承料斗和输料管等组成，如图 6—14 所示。

图 6—13　混凝土搅拌运输车

图 6—14　混凝土输送泵车

4. 散装水泥输送车

散装水泥输送车又称粉粒物料运输车，由专用汽车底盘、散装水泥车罐体、气管路系统、自动卸货装置等部分组成，适用于粉煤灰、水泥、石灰粉、矿石粉、颗粒碱等颗粒直径不大于 0.1 mm 的粉粒干燥物料的散装运输，主要供水泥厂、水泥仓库和大型建筑工地使用，可节约大量包装材料和装卸劳动。

三、切割设备

切割机是常用的流通加工设备之一，其种类繁多，按切割方式不同，可分为等离子切割机、高压水切割机、CNC 火焰切割机、激光切割机、电火花线切割机等；按切割的材质不同，可分为金属切割机、玻璃切割机、石材切割机、布匹切割机等。下面介绍金属切割机和玻璃切割机。

1. 金属切割机

金属切割机主要包括以下三种。

(1) 机械式缩小仿形电火花线切割机床

它将“相似菱形的对角线之长与边长成比例”的几何定理应用于电火花线切割机床，在床面上设置一个稳定的双层缩放尺机构，在缩放尺上设置一个运丝系统，在工作台与床面之间设置初始进给系统，可解决电火花线切割机床不便制作工艺品冲模的问题，如图 6—15 所示。

(2) 固定式钢管切割机

固定式钢管切割机包括割具总成、回转机构、驱动机构、固定机架、升降机构和重锤机构，主要用于切割钢管。升降机构安装在固定机架底部，驱动机构安装在固定机架一侧，回转机构安装在固定机架中部并连接驱动机构，割具总成安装在回转机构上，重锤机构和割具总成配合安装并配合工作，如图 6—16 所示。

(3) 便携式火焰切割机

便携式火焰切割机一般用于切割钢管，主要由机体、链条、切割装置组成，采用链式传动结构，以张紧的链条作为导向轨道，并使机体固定在被切割的钢管上，如图 6—17 所示。

2. 玻璃切割机

玻璃切割机根据其结构及自控水平不同可分为许多类型，切割玻璃的形状、规格、尺寸公差，以及裁切效率和操作劳动强度各不相同，如图 6—18 所示。

图 6—15　机械式缩小仿形电火花线切割机床

图 6—16　固定式钢管切割机

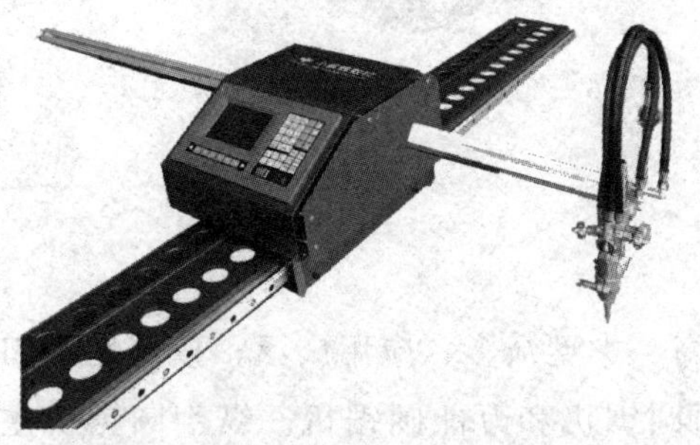
图 6—17　便携式火焰切割机

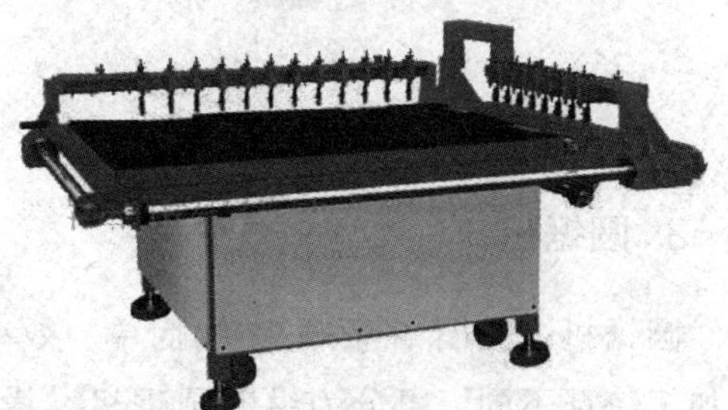
图 6—18　玻璃切割机

四、木工锯设备

木工锯机是用有齿锯片、锯条或带齿链条切割木材的机床，包括带锯机、框锯机、圆锯机和锯板机等类型。木工锯机除在木器加工中广泛应用以外，在流通领域也常作为流通中的原木和木材的加工设备。

1. 带锯机

带锯机按工艺用途不同可以分为原木带锯机和细木工带锯机。原木带锯机如图 6—19 所示，主要用于将原木锯解成方材、板材；细木工带锯机如图 6—20 所示，可用于成批较小零件的加工或外形为曲线的零件加工。

2. 框锯机

框锯机（见图 6—21）主要用于将原木或毛方锯解成方材或板材，其主要特点是生产率较高，对操作人员技术要求低。

图 6—19　原木带锯机

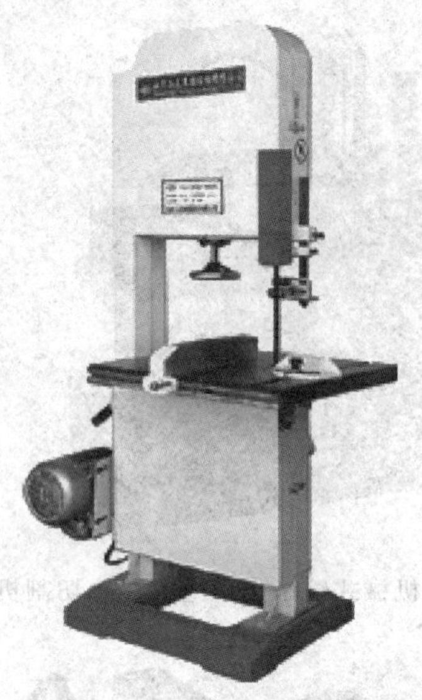

图 6—20　细木工带锯机

3. 圆锯机

圆锯机（见图 6—22）结构简单、效率较高、类型众多、应用广泛，按照切削刀具的加工特征不同，可分为纵剖圆锯机、横截面圆锯机和万能圆锯机。纵剖圆锯机主要用于对木材进行纵向锯解，横截面圆锯机用于对工件进行横向截断。

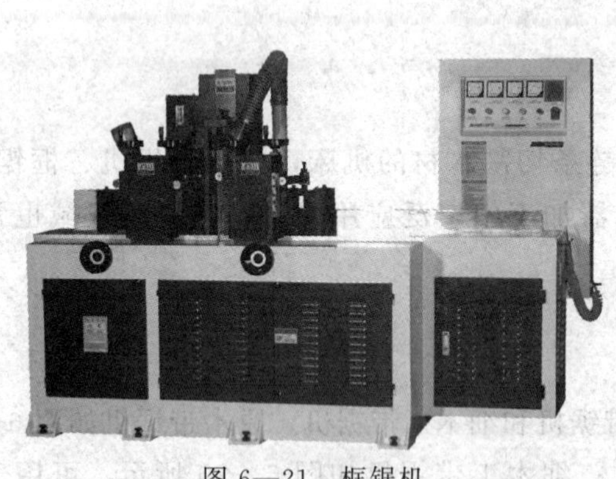

图 6—21　框锯机

图 6—22　圆锯机

4. 锯板机

这类机床主要用于软硬实木、胶合板、纤维板、刨花板以及一面或两面贴有薄木、纸、塑料、有色金属或涂饰蜡克漆的饰面板等板材的纵切、横截或成角度锯切，以获得尺寸符合规格的板件。同时，锯板机还可以用于各种塑料板、薄铝板和铝型材等的锯切，如图 6—23 所示。

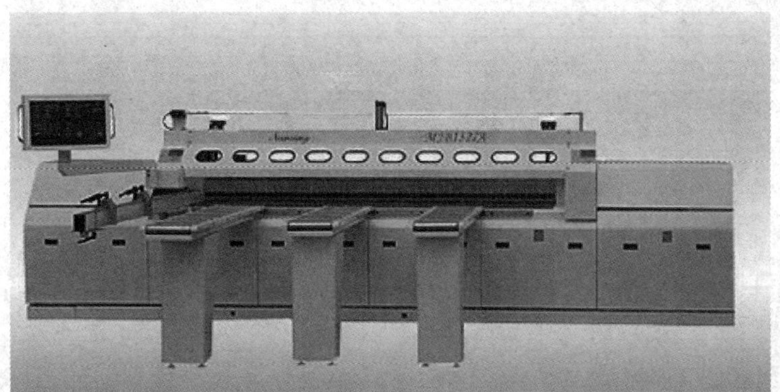

图 6—23　锯板机

思考练习题

1. 常见的自动分拣设备有哪些？
2. 自动分拣设备的选型原则是什么？
3. 常见的流通加工设备有哪些？